龙泉驿历史文化系列丛书

龙泉驿十大历史名人

中共成都市龙泉驿区委党史研究室 主编

成都时代出版社
CHENGDU TIMES PRESS

图书在版编目（CIP）数据

龙泉驿十大历史名人/中共成都市龙泉驿区委党史研究
室主编.-- 成都：成都时代出版社,2020.12
ISBN 978-7-5464-2711-9

Ⅰ.①龙… Ⅱ.①中… Ⅲ.①历史人物—列传—龙泉
驿区 Ⅳ.①K820.871.4

中国版本图书馆CIP数据核字(2020)第218244号

龙泉驿十大历史名人
LONGQUANYI SHIDA LISHI MINGREN
中共成都市龙泉驿区委党史研究室　主编

出 品 人　李若锋
责任编辑　李茜蕾
责任校对　刘　瑞
装帧设计　力　扬
责任印制　张　露
出版发行　成都时代出版社
电　　话　(028)86618667（编辑部）
　　　　　(028)86615250（发行部）
网　　址　www.chengdusd.com
印　　刷　成都兴怡包装装潢有限公司
规　　格　170mm×240mm
印　　张　16
字　　数　190千字
版　　次　2020年12月第1版
印　　次　2020年12月第1次印刷
印　　数　1000
书　　号　ISBN 978-7-5464-2711-9
定　　价　68.00元

《龙泉驿十大历史名人》编辑部

总　　编　　何　勇

副 总 编　　李　云　　涂功德　　陈亚夫

编　　辑　　小　乙　　王德富　　彭　晖　　彭　青

　　　　　　刘　洁　　黄永琼　　唐为之　　王　明

专 家 顾 问　　（按姓氏笔画排序）

　　　　　　马晓东　　刘晓双　　张隆平　　林　江

　　　　　　胡红兵　　姚云书　　贾在明　　傅全章

　　　　　　康尽能　　曾明伟　　魏　平

序

东进语境与人物叙事

凸 凹

在成都由"两山夹一城"的锦江时代，变身为"一山连两翼"的龙泉山时代，东进得悦山乐水欢天喜地如火如荼之际，中共成都市龙泉驿区委党史研究室（龙泉驿区地方志办）主持编写的《龙泉驿十大历史名人》一书的出版工作，亦走完了从策划、启动，到评审、公示、编撰的成书流程。

可以说，出自锦城东的《龙泉驿十大历史名人》的面世，是对这场东进风暴的响应、迎接、介入与无缝合龙。城池的东进，若只是混凝土、园林、人气、大数据的强硬铺开，是不够的，还需要厚重的历史、有趣的故事来加盟，需要温软的人文气息来通气与滋养。深谙其道的本书操作者，顺势作为，抓住了东进机遇。

其实，理一理历史就会明白，成都城就是东进语境下的产物。

古蜀有五代蜀王。早初，蚕丛、柏灌在四川盆地西边高原的茂汶盆地聚族而居。为了蜀族的生存发展，迨至鱼凫时期后，其部落便翻过陡峭如刀的东乡山，沿河谷东进到海窝子和虹口、湔堋地区（今彭州、都江堰、什邡境内），首建了蜀国王朝。之后经杜宇、鳖灵的持续辗转东进，沼泽成都终成了强悍辉煌、傲踞一方的蜀国都城。

秦并蜀国后，在古成都城的东边，按咸阳规制新建了成都城。成都城池的首次东进，造就了它的首次大变局，成都自此步入由大城、少城叙写的双城时代。大城、少城合二为一后，在历朝历代的城市算式中，东城门时不时就向太阳升起的方向移动一下。今天，成都一步千年地东进，从锦江时代走向龙泉山时代，是成都城市格局的第二次大变局。

成都平原居于长江上游，再上游是岷江、沱江。由此得知，成都平原是在岷、沱两条大江的东进中冲积出来的，而成都城则是两条小江穿城穿出来的。司马迁《史记》："于蜀，蜀守冰凿离堆，辟沫水之害，穿二江成都之中。"扬雄《蜀都赋》："两江珥其市，九桥带其流。"城局，早在两千多年前就被两位文人说清楚了。

城随人动，人随水动，城市诞生了。

其实，龙泉驿也是东进语境中的产物。

龙泉驿区境内的水，从东山龙泉山下来，一分为二，既奔东西，又走南北，向南入岷水，向北入沱水。龙泉驿得天独厚，以近 557 平方公里的身坯，将制造成都的两大水系左拥右抱，须臾不离。而东进的水，沿东风渠而来，令坐东望西的人民也坐享了"水旱从人，不知饥馑"的福。

龙泉驿是著名古驿道东大路（南丝路东支路）发展的产物，而勾连重庆、长江，贯通湖广的东大路，则是成都交通东进、走向世界的产物。

东进的历史路，孕育造就了龙泉驿；东进的现代城，生机蓬勃了龙泉驿。就在那些历史的路边，文明萌芽、生长，葳蕤起来。

没有文明或文明不够丰腴的土壤，是孕育不出人物的土壤。此处的人物，自是指历史名人，即为人类社会创造过精神或物质财富、作出过有益贡献，并在更大时空尺幅得到公认、产生影响的优秀人才。如是人物，是不会在时间的流逝、世事的变迁中被磨蚀和消失的。

因路而生的龙泉驿，其人物自是出在路边。收入书中的十大历史名人中，出在东大路中道"官道"上的是朱桃椎、段文昌、颜朝斌、冯元勋、田颂尧、董朗、晋希天 7 人，出在东大路北支道"商道"上的是巫作江、王叔岷、刘子华 3 人。此外，南北朝时期驻防武康郡的强独乐，更是因在其防区东大路山泉段主持勒石"北周文王碑"一跃成为龙泉驿历史上最早彰名的人物。还有宋代著名文人李流谦、禅宗巨匠楚山绍琦、打响辛亥革命四川第一枪之夏之时、成都首任市长黄隐、川军抗日名将张雅韵、教育杰出人士吴雪琴、龙泉驿最早地下党活动领导人张元昌、龙泉驿解放时的共产党人罗天友等都是东大路造就出来的历史人物。

宗教文化也是因路因山而兴——在翻越龙泉山的东大路中部"官道"、南支路"文道"和北支路"商道"上，成就和走出的马祖、圆明、圆昉、褚信相等一大批宗教人物，曾经在历史上也是显赫一时。中华人民共和国成立后，从东大路南支路孕育出来的历史人物还有抗美援朝战斗英雄薛志高。

其实，东进催生的《龙泉驿十大历史名人》，也是实施历史名人传承创新工程、保护弘扬优秀传统文化、跟进成都"东进"战略的一个实锤行动。

所有的历史，皆为大地叙事。所有的文明史，皆为人的叙事。

2020 年 5 月 22 日

（凸凹，本名魏平。成都市作家协会副主席，四川省散文学会特邀会长，四川省作家协会专家库成员，《华西都市报》人文智库专家。著有《甑子场》《大三线》《汤汤水命》《花蕊中的古驿》等书 20 余部，其中 6 部获奖。）

目　录
CONTENTS

永远跟党走　丹心照汗青
——红军高级将领、革命烈士董朗

年少壮志多磨难　/ 002

追求理想离家乡　/ 004

投身大革命洪流　/ 008

北伐战争当先锋　/ 010

南昌起义打头阵　/ 011

转战驰骋海陆丰　/ 014

将星陨落湘鄂西　/ 019

平反昭雪洗冤屈　/ 021

妻儿寻亲空悲切　/ 025

董朗后人多才俊　/ 027

学问无遗力 功夫老始成
——国学大家、学人楷模王叔岷

文人之乡家族兴　/　033

少年苦修成英才　/　036

学养高超为人师　/　040

累累著述墨飘香　/　042

儿女亲情绵绵长　/　046

伉俪情深悌孤鹤　/　052

三不主义添雅趣　/　055

魂归故里留青史　/　056

桃花漫山红 蜜桃自风流
——龙泉驿水蜜桃鼻祖、果神晋希天

诗会孕育桃花节　/　060

催生一座汽车城　/　066

希天立志报乡梓　/　070

扎根故乡研果技　/　072

小平心愿已实现　/　077

古驿桃花渊源长　/　080

宰相跨三朝　美食著宪章

——唐朝著名宰相，文人、美食家段文昌

身世显赫　年少曲折　/ 084

仕途起点　灵池县尉　/ 086

情系西川　几度入蜀　/ 089

无缘薛涛　题铭悼念　/ 091

累职拜相　出居藩镇　/ 093

痴迷美食　终成一家　/ 095

家风传承　儿孙成才　/ 098

隐居龙泉山　声名震朝野

——隋唐著名隐士，文人、医学传人朱桃椎

隐居山林　亦真亦幻　/ 104

满腹经纶　著《茅茨赋》　/ 107

医术传承　震动朝廷　/ 110

皇帝下旨　修安静观　/ 112

文人景仰　神奇朱公　/ 116

妙通真人　千古流芳　/ 120

辛亥急先锋　儒将多磨砺
——川军名将、进步人士田颂尧

名门少年　从军报国　　/　124

家族崛起　崇尚公益　　/　127

荆树家风　崇文重教　　/　129

辛亥先锋　北伐先驱　　/　133

川军儒将　以仁治军　　/　137

内战失利　削职闲赋　　/　140

唯仁山庄　归隐宝地　　/　142

拒赴台湾　起义回归　　/　145

巫氏大夫第　光焰昭后人
——洛带客家创业先锋、商界奇才巫作江

古镇涌来客家人　/　150

辗转甑子场经商　/　151

成水井坊掌门人　/　153

东门首富做慈善　/　155

"奉直大夫"清皇赠　/　157

"大夫第"前世今生　/　159

青出于蓝胜于蓝　/ 164

孝义家风代代传　/ 166

丈夫当为国　破敌如摧山

—— 一品将军颜朝斌

五品父亲清廉苦　　乡贤资助度童年　/ 170

偶遇贵人得兵书　　立下从军报国志　/ 172

南征北战建奇功　　军事才能初显露　/ 173

鸦片战争遭失利　　壮志难酬多磨砺　/ 175

智擒啯噜大首领　　铲除地方黑势力　/ 177

平息叛乱立功名　　淡泊名利解铠甲　/ 179

家风家规代代传　　子孙后代皆有为　/ 182

星垂平野阔　月涌大江流

—— 天文学家、易学家、"木王星"推定者刘子华

小镇诞生"东方哥白尼"　/ 188

只身赴法国勤工俭学　/ 189

用《易经》八卦研究天文　/ 190

推算出太阳系"新行星" / 191

"东方哥白尼"震惊世界 / 193

婉拒异国恋回乡报国 / 195

著作权在法国遭侵害 / 197

索赔"打假斗士"方舟子 / 199

法国总领事会见其子 / 201

新发现行星颇有争议 / 202

涓涓报国志 悠悠教育情
——教育家、实业家冯元勋

培育学生成英才 / 204

教育天才出少年 / 206

留学欧洲成先驱 / 208

实业报国无门路 / 210

秉公选育栋梁才 / 211

客家冯氏成望族 / 214

翁婿才高兴后人 / 217

附录：龙泉驿历史名人十大候选人简介 ／ 221

参考文献和资料 ／ 231

后记 ／ 235

永远跟党走　丹心照汗青

——红军高级将领、革命烈士董朗

红军高级将领、革命烈士董朗

董朗，原名董嘉智，号仲明，1894年4月24日出生于简阳县平安乡董家河村董家老房子（现龙泉驿区龙泉街道保平社区区人民法院处）。1923年加入中国共产党，毕业于黄埔军校第一期，参加过上海工人运动、省港大罢工、平定商团、东征、北伐战争、南昌起义、上海中央特科、土地革命斗争和反"围剿"作战，历任省港大罢工工人武装纠察队队长、黄埔军校教导团骑兵队副队长，叶挺独立团参谋、党支部组织干事，国民革命军24师营长、团长，红二师师长，中央军委特派员，红四军参谋长，湘鄂边教导一师参谋长、独立团参谋长，中共湘鄂西前委委员、江左军负责人等职，曾与周恩来、贺龙、叶挺、聂荣臻、徐向前、彭湃、陈赓等早期党和军队领导同志并肩战斗过，是南昌起义 13 个作战团团长之一且率先发动起义，我军创始骨干成员，中国工农红军早期高级将领，海陆丰、湘鄂西革命根据地重要创建者与领导人。1932 年 10 月，在"左"倾机会主义者推行的肃反中被诬陷并错误杀害，时年 38 岁。成都地区最高级别红军将领、革命烈士。

年少壮志多磨难

殷实农户董世慷之妻王氏，继养育了一女一子（嘉鍼）后，1894 年 4 月 24 日又分娩了第二个儿子。怀抱着长得胖墩墩、黑黝黝，浓眉大眼，厚嘴唇的儿子，董世慷欣喜万分，为儿子取名嘉智。

小嘉智聪明灵巧，活泼开朗，做事勤快认真。他尊敬长辈，谦让兄弟（继嘉智后，王氏又生育了嘉敏、嘉铸两个儿子），深为父母疼爱。

少年嘉智，就读于本乡的凤仪书院（私塾）。年纪稍长，以优异成绩考入镇上最好的学堂。

在学校里，嘉智刻苦攻读，尊师敬友，练就一手好字。放学回家，帮助家里干完力所能及的农活，就挑灯苦读到深夜。为了学得更多的知识，

董朗故居原址，现区人民法院所在地

嘉智考入成都一所师范学校继续深造。

这时，四川军阀混战，天灾频繁，赋税日重，嘉智家境日渐衰贫。

耳闻帝国主义列强抢占中国领土，凌

董朗故居，原平安二小

辱中国人民的种种暴行，目睹社会贫富不均、弱肉强食、民不聊生的现状，为寻求救国济民的真理，做一个于国于民有用的人，嘉智更加发愤学习。他博览群书，眼界更加开阔；他苦苦思索：同样是人，为什么中国人受外国人欺侮？穷人受有钱人的气？并努力探索强国富民的出路。

但日渐衰贫的家境迫使他中途辍学，为求生计，嘉智接受朋友的邀请，到雅安华西小学教书。

工作了一段时间，学校教师发现校长贪污了办学经费，克扣了教师薪俸，教师们敢怒不敢言。

嘉智向校长提出了质问，要求校长当众承认错误，退出赃款。校长不仅不认错退赃，还与地方黑势力勾结在一起，反而诬蔑嘉智企图煽动教师罢教，并扬言要报复。经同事劝解，嘉智愤然辞职，回家种地。

不久，经人介绍，嘉智到成都做家庭教师。

1920年2月24日，经舅父撮合，26岁的嘉智与19岁的姨父之女游文彬结婚。第二天，嘉智夫妻回到成都鼓楼街周家祠，开始新的生活。

白天，嘉智去教书；入夜，在微弱的油灯下耐心教妻子识字、写字、写信。他常对妻子说："学会识字，可知天下事；学会写信，以后我离家时，你就能给我写信，在信中与我说话了。"

嘉智对妻子体贴、温存，没有大男子思想，婚后夫妻感情融洽，你敬我爱。每天嘉智回到家里，总是抢着扫地、洗衣、炒菜。还经常笑着问妻子："我炒的菜该比你炒的好吃？"妻子总是报以幸福的一笑。

靠嘉智教书为生，生活虽然清苦，但夫妻俩的感情却越来越甜蜜。为了补贴家用，嘉智租来一部缝纫机，教妻子剪裁缝纫，替私人或商店做衣服、打绑腿……他把男人的责任揽在身上，左挑右扛，既脚踏实地，又仰望星空。

就是在这样贫困的日子里，嘉智也不忘帮助穷人。一大傍晚，天上飞着小雪，寒风刺骨，嘉智下课归来，妻子帮他拍打着身上的雪花，发现丈夫身上的外衣没有了。正要发问，嘉智主动告诉妻子："回家路上，我见一位老人衣着单薄，在寒风中冻得打抖，就把衣服脱下来，送给那位老人了。"望着丈夫，妻子什么话也没说，只是赞许地点了点头。

生活在外敌入侵、山河破碎、军阀争霸、民生凋敝的社会里，青年嘉智很快接受了"五四"反帝反封建思想，再也无法安守温暖的小家庭生活了。

追求理想离家乡

嘉智要出去追求光明，寻求救国济民的真理。他与仁寿张姓朋友等3人约定：经上海到法国勤工俭学。因为他们耳闻洛带的刘子华和乐至的陈毅两弟兄以及同时代不少青年已选派到法国留学，他们很向往，准备追随。出发前，嘉智变卖了父母分给他的 4 亩土地。

与嘉智一起生活了 9 个月的妻子已有身孕，她虽舍不得丈夫离她而去，但在丈夫的熏陶下却深明大义，毅然支持丈夫远行，还主动回娘家为丈夫筹集路费。

离别的前夜，妻子请求嘉智为腹中的孩子取名字。嘉智沉思了好一会，告诉妻子孩子生下后，取名"万任"。

万任，就是要孩子长大后担负起为千千万万劳苦大众谋福利的重任。嘉智还满怀深情地对妻子说："三年后我回来接你，你要好好保重自己，带好孩子。"

第二天黎明，嘉智在整理行囊，腆着肚子的妻子拎着马灯、油纸伞，她把装有换洗衣物和东拼西凑来的银圆打好包裹，递给丈夫。她一夜未眠，眼圈发红，声音哽咽，要他多保重。

嘉智说："我一定会回来的！外面的人再好，好不过自己的婆娘，外面的景再美，美不过自己的家乡。"

几句话把妻子逗乐了，丈夫是爱自己的，是舍不得离开她的，文彬笑道："我晓得你不满这个黑暗的世道，要出去追求光明的未来，为我们肚子里的娃娃拼一个新世界！"

嘉智激动地说："文彬，你是理解我的啊！我们这一辈再不努力，再不抗争，我们肚子头的娃娃一眨眼就看到兵荒马乱，还要挨饿受冻。"

"就是哩，多造孽的。我支持你出去为娃娃争前程！"

"文彬你是个明白人！"

"只是、只是我咋个办？结婚才 9 个月，娃娃还没出世。还有爸妈老了，身体又不好……"

　　嘉智叹息一声："这些我都晓得。说实话，走不走，我也犹豫过，打过退堂鼓，只是一想到国家四分五裂，有权有势的人作威作福，老百姓食不果腹，我就觉得要站出来，去奋斗，去拼搏，不然这个天永远都亮不起来。"

　　"我晓得，我支持你。我只是想把心头的话说出来。"

　　"文彬是个明事理的人，家里资金周转不济，你二话不说，就卖了家里的田地，还找家人为我筹集盘缠。你对我的好，你的心意，嘉智都牢牢记在心头了，等我从法国学成回国，找到了今后奋斗的方向，我就马上回家来，把你接到我身边，两口了团团圆圆，同甘共苦……"

　　"好了，不说了，我晓得你不会忘了这个家。东西盘缠我都给你收拾好了，前两天熬夜给你做了双布鞋，想到你走远路，就纳了双层底。"妻子把布鞋递给丈夫。董朗接过布鞋，动情地抚摸着。

　　"哎哟，娃娃，他又在踢我了。"

　　嘉智躬身弯腰将耳朵贴到妻子腹部，说："他是不是晓得老汉儿要走，想打声招呼嗬？娃儿，你老汉儿要走了，去很远很远的地方，为的是千千万万个你这样的娃儿，一睁眼就能看见一个光明的世界，不再听到枪响炮轰，吃得饱饭，读得起书，养得起家！娃娃，你要听妈妈的话啊，黑了不要吵不要闹，让你妈睡个安稳觉，看你妈累了，就给她端碗水，捶捶腰，说说话……"

　　妻子幸福地哭了，又笑了。

　　一声嘹亮的鸡鸣声传来。

　　该上路了！

妻子送给丈夫几粒红豆，寄托离情别意。红豆生南国，春来发几枝，愿君多采撷，此物最相思。

嘉智把红豆放进贴胸的衣袋，伸手把妻子揽进怀里。

"快走咯！"外面同伴在喊。

"来了！"

嘉智转身含情脉脉地看着妻子。妻子把包袱挂在丈夫肩上，又帮丈夫整理了一下衣服。嘱咐道："出门在外，你们一定要相互照应啊。"

"嫂子放心吧。董朗是大哥，我们都听他的。"门外兄弟说。

三人头也不回地走向远方……

游文彬手扶门框向丈夫背影挥手，泪流满面、撕心裂肺地喊："你一定要回来啊……"

嘉智脸上热泪横流。谁知这一别，竟是生离死别！

丈夫刚走的那阵子，妻子一想他就流泪，早上流，中午流，晚上躺在床上也流，一年两年，流干了，以后想他就没有眼泪了。

1920年离开家乡时，嘉智26岁，个子高高的，块儿也大，结实、嘴阔、唇厚，是个敦实诚挚的人。他脸面光亮，没有络腮胡，眉毛很浓，眼睛炯炯有神。他那双眼睛可以把龙泉山看穿，把蜀道看穿，人家看三五里，他看三万里……

投身大革命洪流

嘉智辞别温暖幸福的小家，来到上海。

1921 年冬，中国共产党已在上海建立了公开指导工人运动的总指挥部——中国劳动组合书记部，并出版了指导工人运动的刊物——《劳动周报》。

1922 年 1 月，香港海员工人大罢工受到上海工人的有力支持。

嘉智目睹工人阶级火热斗争的激昂场面，开始领悟到团结战斗的工人阶级的伟大力量，他毅然放弃了出国求学的初衷，进入上海大中华纱厂做工，并秘密加入了中国共产党，成为上海市宝山区最早的一批党员。这时，他用的名字是董仲明。

1924 年 3 月，在国共第一次合作的大好形势下，仲明按照党组织安排，由上海赴广州，考入黄埔军官学校第一期，被编在第二学生队。

在黄埔军校开学典礼上，仲明认认真真聆听了民主革命先行者、"中华民国"非常大总统孙中山先生的演讲，深受启发、教育和鼓舞。在军校学习期间，仲明先后参加过"火星社""青年军人联合会"等进步组织，他刻苦攻读军事科学，认真研究时事政治，并深受在校任职的共产党员周恩来、恽代英、萧楚女、聂荣臻等人的影响，军事素养和革命觉悟进一步提高。

10 月，仲明与黄埔军校师生一起参加了平定广州商团叛乱的战斗。11 月，仲明作为黄埔一期优秀学员，毕业后留校，担任第 3 期骑兵队副队长，任教导团排长。

1925 年 2 月，仲明随周恩来参加第一次东征讨伐，击溃了盘踞在广东东江地区的军阀陈炯明。6月19日，广州数十万工农兵群众为声援上海人民的"五卅"反帝斗争，在中共两广区委和周恩来同志的领导下，举行了著名的省港大罢工。23日，身着各色服饰的10万工农兵群众，手举"反对帝国主义侵略!""打倒军阀!""支援上海人民反帝斗争!"的旗帜，在广州的大街上举行了反对英帝国主义的示威大游行。在示威游行队伍的前后左右，一支2000多人

大革命时期的董朗

的工人武装纠察队，雄起起气昂昂地担任着巡逻和安全保卫工作。这支训练有素、纪律严明、威武雄壮的纠察队伍，正是仲明负责训练的。他因此出席并荣获了"省港罢工工人代表大会奖章"（此枚奖章被董朗的遗属于1998年3月捐赠给龙泉驿区人民政府珍藏）。

10月，仲明与黄埔军校师生一起，参加了第二次东征讨伐陈炯明的战斗。作战中，仲明奋勇争先，受到表扬。

从此，董朗在红色革命的路上越走越远……

董朗获得的省港大罢工奖章

北伐战争当先锋

1925 年 11 月，以共产党员、共青团员和黄埔军校学生为骨干的国民革命军第四军独立团成立，叶挺任团长，仲明改名董朗，任团参谋，并兼任党支部组织干事。从此，董仲明正式改名为董朗。

叶挺独立团是中国共产党直接领导下的一支正规军，直属中共两广区委、军委领导，直接向周恩来汇报、请示工作。

1926 年 5 月，北伐战争首先在湖南打响，叶挺独立团奉命作为北伐军的先锋，从广东开赴湖南北伐战争前线。董朗参与了独立团的战斗，协助独立团取得了攸县、平江战役的胜利，先后占领了宾阳、汀泗桥、湖北咸宁城和贺胜桥，打开了武汉最后一道大门。10 月，北伐军攻下武汉三镇，广州国民政府北迁武汉。

1927 年春，叶挺独立团在武汉进行整编，组成 24 师，叶挺任师长，董朗任该师第 70 团 1 营营长。

5 月，24 师挺进河南，准备歼灭奉系军阀张作霖部。14 日，70 团在河南上蔡县西南与奉系军阀张作霖部的富双英旅交战。连续激战了 2 天，70 团占领了上蔡以北的战略要地西洪桥。

北伐军利用北岸河堤构筑线型阵地，抵抗奉军的反攻。为了夺回西洪桥，奉军调来了第六旅、骑兵团和炮兵增援。16 日下午，奉军步兵、骑兵、炮兵三兵种联合反扑，战斗异常激烈。入夜，西北风卷着泥沙呼啸着袭向北岸河堤，猛烈轰击的敌炮，炸得北岸尘土飞扬，70 团将士难以睁眼。一整夜，奉军的进攻都非常猛烈，70 团伤亡很大，3 营长阵亡，团副负伤。为了保住阵地，董朗率 1 营英勇作战，主动出击，亦不幸中弹负伤。

次日拂晓，上蔡与西洪桥之敌形成夹击之势，向70团阵地步步逼近。200 米、100 米、80 米……只离五六十米远了，董朗神色坚定，沉着地指挥着战士们坚守在阵地上，还不断地用洪钟般的声音鼓舞战友说："上好刺刀，我们决不后退半步！人在，阵地在！随时准备和敌人做最后拼杀！"

在这危急关头，73 团援军赶到，70 团官兵士气大振，同援军一道发起反攻。董朗不顾伤痛，率战士们勇猛冲杀，消灭了敌军，直逼富双英投降。

西洪桥战斗刚结束后，身负枪伤的董朗又指挥部队前进，与兄弟部队一道，包围了上蔡之敌，很快攻占了上蔡县城。

6 月初，北伐军回师武汉，董朗受到嘉奖，旋即升任 70 团团长。

南昌起义打头阵

1927 年 7 月 25 日，董朗率国民革命军第 11 军第 24 师 70 团由江西九江开赴南昌。

30 日下午 2 时，董朗奉命到师部参加军事机密会议。与全师 40 多位团、营级军官、师部成员一起，聚精会神地聆听叶挺同志传达中央决定：国共分裂了，只有举行武装起义，反抗国民党的屠杀政策，才是唯一的出路。接着，董朗与大家一起认真研究了作战部署。

散会后，董朗回团作了传达，他要求全团指战员战前严守机密，战斗中人人当先、个个奋勇消灭敌人。接着，董朗按师部的部署，对本团的兵力作了具体安排：把重兵放在对付贡院和天主堂敌宪兵营上，抽调部分兵力协助兄弟部队警卫师部左翼。

晚饭后，各营、连、排按董朗指示，给战士们分发了起义的标志——白天用的红领巾、夜晚用的白布巾，还准备了大量照明器材。部队还按董朗的要求，小睡后进入了特级战备状态。

8月1日凌晨2时整，"叭！叭！叭！"清脆的枪声划过南昌城的夜空，

1927年8月1日，董朗参加南昌起义，指挥国民革命军24师70团首先发动起义，打响了南昌起义第一枪

具有伟大历史意义的南昌起义爆发了！刹那间，南昌城枪声大作，喊杀声震天。董朗亲率70团主力快速扑进贡院和天主堂敌宪兵营。"叭！叭！""叭！叭！"枪声炒豆似的响起来，酣睡中的敌人还未清醒过来，就被缴了械。干脆利落，董朗指挥的70团粉碎了固守在此的宪兵营。

与此同时，以周恩来为主要领导人的前敌委员会，领导3万人的起义军像潮水般从四面八方冲向敌人，4个多小时的激战，起义军共歼敌3000余人，缴获步枪5000余支。

8月1日6时许，胜利的红旗在起义总指挥部的五层大楼上高高飘扬。董朗和身着蓝灰色军装、项系红领巾的起义将士，迎着曙光，雄赳赳气昂昂地行进在南昌的大街上。

参加南昌起义的部队共有 13 个团，董朗团长率领的国民革命军第二方面军 11 军 24 师 70 团就是其中之一，为南昌起义作出了重要贡献。

8 月 5 日，南昌起义部队按中央原定计划离开南昌到广东，希冀恢复和发展广东革命根据地，重新举行北伐。

董朗率领 24 师 70 团随起义军南下。在无挑夫、少给养而战事又不断的情况下，溽暑行军，军队疲惫不堪，伤病相继，部队严重减员，士气极为低落。这时，董朗不仅要率兵行军打仗，还不时赶前跑后，发动干部、骨干，做士兵的思想工作，稳定部队情绪。9 月 28 日，起义军主力在广东揭阳汤坑遭强敌围攻失败。10 月 3 日，起义军主力经揭阳到达流沙镇（今广东普宁），前委在天后庙召开紧急会议（流沙会议）。周恩来虽生病发着高烧，仍抱病传达了中央指示，并根据起义军实际，作出决定：集中武装人员进行整顿，撤退到海陆丰。

会议刚结束，起义部队就在普宁的乌石地方遭敌陈济棠的 11 师和徐景唐的 13 师的联合伏击。跟随前委的机关和部队也被敌人压在一个四面皆山的小盆地里，情况万分危急。

周恩来同志抱病从容地与贺龙、叶挺等同志一起指挥部队迎敌。就在这紧急关头，董朗挺身而出，大喊一声："70 团的战士，跟我往外冲啊！"只见身材魁梧的他挥动驳壳枪，指挥部队迅速展开，并带头向敌人发起了冲击。

一场恶战后，领导机关与部队突出了重围，部队损失严重，余下的大部被打散，并与首脑机关失去了联系。怎么办？董朗果断地作出决定：根据流沙会议的精神，收集余部，高举义旗，向海陆丰前进。

转战驰骋海陆丰

起义军在向海陆丰转战的途中，董朗义正词严地训斥和处决了敌军派来的劝降者，带领收集起来的 24 师 1200 余人的部队艰苦转战，甩开了敌人的追击，到达海陆丰东江农民自卫军驻防地激石溪根据地。接着，他又带领部队参加了攻打封建堡垒南岭的战斗，并进驻海、陆、紫三县边区根据地中峒。

1927 年，董朗任工农红军第二师师长，参与并组织创建海陆丰革命根据地。上图为红二师师部旧址

在中峒，东江特委整编了部队，按广东省委指示，整编后的部队为工农革命军第二师四团。不久，又改称为工农红军第二师，简称"红二师"，任命董朗为师长兼四团团长。

这期间，南昌起义领导人周恩来、叶挺、聂荣臻等到达陆丰南塘。当周恩来听到陆丰县农会负责人说董朗率部到达激石溪根据地的时候，高兴地说："这就好了，革命军队和革命群众相结合，南昌起义的革命火种，又要在海陆丰燃烧起来了。"

董朗抵达海陆丰后，与海陆惠紫 8 县军民一道艰苦奋战，取得了海陆丰第三次武装起义的完全胜利，建立了总人口为 200 万的苏维埃政权，镇压了反革命，打击了反动地主豪绅，开展了土地革命。没收地主的土地分配给农民，使广大农民在政治上、经济上和思想上获得了解放。

董朗还指挥红二师指战员与根据地人民一道创立了劳动银行，发展工农业生产，统管盐业运销，开办学校、医院，修筑道路，出版书报，驳斥敌人对红色政权的造谣诋毁。

最使海陆丰人民难忘的是董朗指挥红二师攻打南岭的战斗。南岭是群山环抱的盆地，纵横五十余里，地势险要，山上遍植松杉，土地肥沃，农产品很丰富。盆地里有一个圩市，很多姓钟的农户，约 1 万人聚族而居，俨然成为一个小王国。

这里在大地主、族长的统治下，自恃"山高皇帝远"，不缴粮、不纳税，100 多年来，清朝的暴官恶吏和凶狠的军阀陈炯明亦无可奈何，并且还和他们勾结起来，横行乡里。

工农运动蓬勃发展后，小王国还是压制着当地的贫苦农民，不让他们参加工农运动，而且用恐吓、利诱、欺骗手段，煽动贫苦农民组织反动民团对抗革命，还收容了罪大恶极的从海陆丰逃窜去的反革命分子。

为了摧毁这座封建堡垒，打击反动派的嚣张气焰，起义军到海陆丰的第三天，就参加了攻打南岭的战斗。

由于起义军长期转战，部队极度虚弱疲惫，董朗因病又未亲自指挥，加上大地主钟坤记和反共老手钟汉平的拼死抵抗，南岭未克。

1928 年初，董朗按东江特委拟定的东江"暴动计划"，率红二师向海陆丰西北的惠阳、紫金、五华边区发展，先后攻占了漏子里、碟头寨。这时，被红二师围困近 1 个月的大茂乡地主江达三派爪牙潜出大茂乡，到南岭民团呼救。南岭民团派 100 多人于 1 月 18 日清早赶到大茂乡。

董朗得知情况后，即令部队攻打南岭民团，一直尾追至南岭。

根据情况的变化，董朗改变了原进军黄布的作战计划，命令进军黄布的部队回师南岭。1月18日，进驻南岭兆泰楼。

18日晚，董朗在南岭第一分区农会会长钟子文的兆泰楼召开军事会议。红二师营以上干部，紫金县委干部，各区乡赤卫队、自卫军队长参加了会议。

会上，董朗认真分析了敌情，并作了如下战斗部署：先打黄泥湖钟汉平的裕福楼和钟坤记的德馨楼；分兵钳制溪口、东溪和天锡楼等地主；派岳坑的赤卫队控制洋头民团，炮子赤卫队控制紫金一带。

会上，董朗严肃地说："我们作战一定要有充分的准备，一定要有严密的组织性和严格的纪律性。上一次进攻南岭的教训我们应好好吸取，这次我们一定要取得全胜，解放南岭的劳苦大众。我们要共同努力完成这一任务。"

1月19日，天还没有亮，红二师按计划同时行动，围住了钟汉平的裕福楼和钟坤记的德馨楼。董朗采用白天围而不打、夜晚火把齐明、通宵达旦军号声冲杀声枪炮声震天动地的战术，迅速占领了裕福楼右侧的裕燕楼。裕燕楼的守敌撤到裕福楼，董朗指挥红二师随即攻到裕福楼墙脚下。

董朗认真观察，见裕福楼石砖墙坚固，令工兵挖墙设法爆破。因楼建在湖洋地段，墙根全是大松木并排钉入地下作基桩，而且到处是水，无法挖进。加上我军用的火药在墙根下无法奏效，裕福楼竟一时难以攻破。

董朗令运输队40多人到海丰碣石溪抬火药大炮，该炮重400多公斤，路道狭小，运行艰难，结果只抬了1尊大炮到南岭。红二师战士用大炮攻打，开一炮后，炮筒就发红，要等炮身冷却才能再打，一个下午仅打了两炮。又因炮弹是像秤砣一样的生铁珠，不会爆炸，只能把墙头打穿两个窟窿，守楼敌人又用砖头把孔塞住，楼屋依然如故，形不成对敌人的大威胁。

经过仔细观察，董朗发现楼房四面的瓦檐突出墙外很长，决定用火攻。董朗发动群众割草、担禾秆，把柴草堆至瓦檐下，然后点火燃烧。顷刻，四檐着火，烧进楼屋内，钟汉平眼看再无藏身之处，到半夜，带领屋中男人由屋后挖墙垂绳逃走，裕福楼被攻破。

红二师围住德馨楼后，董朗将指挥部设在屋背的上寨岗，并迅速攻占了德馨楼主屋左右两座馆子，分派两个连据守。德馨楼三面铁壁，大门口围以大木头构筑的木栅，并以两挺机枪封锁，德馨楼成了瓮中之鳖。

董朗仍采用日围夜攻战术，并派人在左侧馆道内挖地道通向主屋，准备爆破。同时，发动群众担柴、担秆，填在屋背沟里，一面作烧屋准备，一面塞其枪眼，阻挡守敌放枪。由于德馨楼没有突出的屋檐，当柴火堆在墙根时，屋内守敌丢出火球将柴草烧毁，熊熊烈火威胁不到敌人。

1月31日下午，地道挖到墙根下，工兵迅速将装满火药的棺材放到墙根下（敌人为防止红军挖地道炸墙，在屋内墙根处挖下深沟，倒满污水，火药不装在棺材内，受潮就无法引爆），点燃导火线，一声巨响，天崩地裂，烟雾弥漫夜空，德馨楼的三间房墙塌下来。董朗指挥部队冲锋，敌人负隅顽抗，与红二师进行巷战，随后撤至右边的房子里，把通道塞死，做垂死挣扎。

半夜12时，钟坤记高价请亡命徒陈来兴把栅门打开，带全部男人由栅门出逃。

2月1日，德馨楼被攻破，捉获阿相等地主分子10多人。董朗抓住战机，指挥部队向溪口、东溪、天告、天锡楼等地发起进攻，可是地主们早已望风而逃。至此，南岭战斗胜利结束，红二师控制了整个南岭。

接着，董朗又率部与中央政治局委员、东江特委书记彭湃亲率的红四师互相配合，先后取得了赤石、普宁、葵潭之战的胜利，使紫金、惠阳、海丰、陆丰、惠来和普宁等6县的红色区域连成一片，并打通了与潮汕工农武装的联系。

3月，广东军阀李济深在打败对手张发奎稳定广东政权后，派重兵全力围剿海陆丰革命根据地。在半年时间内，根据地损失惨重，经中共广东省委安排，包括红二师师长董朗。四师师长徐向前等同志先后撤离海陆丰。董朗革命斗争最高潮最精彩的地方是在海陆丰，他和彭湃领导创建的海陆丰革命根据地，在中国革命和共产党发展史上，在很多方面都取得了全国第一：南昌起义的队伍中，最先发动的中国共产党独立领导的武装起义；组建了中国第一支工农武装队伍；最先启动了中国第一次土地革命；第一个召开了县级工农兵代表大会，建立了全国第一个县级苏维埃政权、县级农会，被誉为"中国第一个苏维埃"；出台了中国第一个土地法规；设立了第一家革命银行；第一次提出了"农村包围城市、武装夺取政权"的伟大构想；发布了中国第一部农民运动专著；组建了中国第一支红色娘子军。

将星陨落湘鄂西

1929年5月，撤离海陆丰抵达上海的董朗被安排在上海中央特科，在周恩来直接领导下，与黄埔军校同学陈赓并肩战斗，担负着保卫党中央的特殊使命。随后，董朗按照党中央派他前往湘鄂西贺龙部工作的指示，经香港到上海，再到宜昌，在那里见到了中共湘鄂西特委书记周逸群。9月，在湖南桑植见到贺龙，不久，董朗即成为中共湘鄂西党委7人委员会委员之一，负责分管军政训练工作。10月，董朗任红四军参谋长，协助军长贺龙指挥游击战争。

在湘鄂西，董朗与贺龙、周小康、陈协平、王炳南等同志一道带领红军浴血奋战，粉碎了蒋介石以洪湖为重点，分三期"围剿"湘鄂西革命根据地的阴谋。

1930年11月，湘鄂西前委将各县赤卫队、教导军等地方武装合编为江左军和江右军，江左军（江北）由董朗负责，江右军（江南）由段玉林负责。

1931年4月，红二军团第二次反"围剿"减员后，原教导第一师改为湘鄂边独立团，团长王炳南，政委陈协平，董朗任参谋长。

1931年12月底，

1931年，董朗任江左军负责人、湘鄂边独立团参谋长。上图为独立团指挥部董朗驻地旧址

董朗协助王炳南总结了第三次反"围剿"初期在军事上步步设防、处处被动的教训,决定采取长途奔袭、攻其不备、速战速决、"打得赢就打,打不赢就走"的战术方针,以灵活机动的游击战打击敌人。

董朗与各游击队紧密配合,于 1932 年 1 月至 2 月,巧妙运用游击战打击敌人,接连取得了三战三捷的重大胜利。

1932 年 1 月,王炳南与董朗率独立团主力前往长阳县,在枝柘坪与伍伯云部相遇(伍伯云原在长阳资丘团防当队长,曾与红军有过联系,但在第三次"围剿"中又与敌罗效之勾结,企图为消灭独立团卖力)。独立团争取他时,伍欣然答应,被任命为独立团警卫营营长,随独立团下资丘县城参加红军部署的战斗。后独立团查获罗效之任命伍伯云为"五峰、长阳、鹤峰三县剿共大队长"的委任状,董朗立即采取果断措施,在资丘处决了伍伯云,整编了伍部。

2 月初,董朗与王炳南率独立团在贺沛卿率领的湘鄂西第一游击纵队的配合下出征桑植,在仓关峪,董朗派出侦察员化装混进敌营,待战斗打响后,内外夹攻,使敌周燮卿的主力团——李奇玉团摸不清我方实际兵力及攻击方向,全团溃败。独立团缴获敌迫击炮 4 门、重机枪 2 挺,还缴获了大量子弹。

2 月 8 日,董朗、王炳南率独立团向南北镇进发。出发前,全团集合,由政委陈协平作战前动员。这时周燮卿率队来到鹤峰县城附近的康家岭后山,并用迫击炮轰击县城。面对进攻之敌和密集的炮弹,大眼睛的董朗,目光炯炯地直视政委,眉毛都不皱一下,面色平和地听政委的动员。在董、王等领导的垂范下,独立团将士镇定自若,直到陈政委作完动员。全军置周部进攻于不顾,分兵两路向罗效之部进击。

董朗与王炳南率第一、三营沿鹤峰至南北镇大道，正面进击；陈协平带二营由燕子坪、湾潭插入石门，打击罗部后方。两部紧密配合，猛打猛冲，击溃罗效之部两个营，缴获大量辎重、弹药。后来，周燮卿企图报复，带队进至燕子坪，就被董朗事先安排在那里的区游击队打得晕头转向，自相射击，死伤50余人，狼狈退回桑植。

独立团的三次胜利，使湘鄂边在第三次反"围剿"中失去的部分苏区得到恢复，还在桑植、慈利、鹤峰三县边界建立了一些新的区、乡苏维埃政府。

在革命形势不断高涨但敌情仍然严峻的形势下，以夏曦为书记的中央湘鄂西分局却极力推行王明的"左"倾冒险主义，在党内和军内进行"肃反"和"清党"运动。他们采取逼、供、信等手段，任意严刑拷打和审讯同志，并用无限上纲、纵横株连、罗织罪名的办法，杀害了一大批党、政、军的优秀干部。

10月，董朗被夏曦定为"改组派"而惨遭杀害，血洒大地，时年38岁。同时被害的还有中央湘鄂西省委委员、湘鄂边特委书记周小康和湘鄂边独立团政委陈协平等人。

平反昭雪洗冤屈

董朗牺牲的消息传来，董夫人在悲痛之余，仍然教育子女矢志不渝追求光明。他们的儿子董万任，于中华人民共和国成立前夕在龙泉驿共产党人罗天友的带领下，参加了迎接解放军进成都的工作。

　　董朗的烈士身份到了 1954 年才被认定，有关他的详细事迹，则是 20 世纪 80 年代家乡简阳县志办的同志编写《简阳县志》时数次南下广东，东往湖北，跑遍成都、资阳等地才核实整理出来。

　　1946 年 3 月，有人暗地里交给董万任一封信。其实，这封信是当时重庆八路军办事处兼管烈士、干部家属救济和接送工作的刘昂（20 世纪 80 年代在国家机械工业部工作）根据周恩来、董必武的指示，化名刘一清写的："你父亲为革命牺牲，是很光荣的事。他为了全中国人民的生存而奋斗，而牺牲，与天地共存，与日月同光！"这时，董万任才知道自己的父亲早已经不在人世了！但对有关父亲的一切具体事实他依然毫不清楚。

　　这封信使董万任的思想受到很大的震动。他常常暗暗对自己说："我是一个革命者的后代，我一定要争气，再也不能这样活着！"当时在川大的简阳籍学生中存在一个中共地下党外围组织"新民主主义研究会"，似乎知道了董万任的真实身份，他们开始尽力地在生活上、学习上帮助他。1949 年暑假，董万任经简阳老乡罗天友（20 世纪 80 年代曾任简阳县人民检察院检察长）介绍，参加了"新民主主义研究会"。

　　在这段时间里，组织上对董朗的身份查证也在紧张地进行着。

　　1954 年，陈赓大将给简阳县民政局回信："董仲明（即董朗）是很早的共产党员，大革命后一直在上海工作，后去湘鄂西苏区贺龙处工作，在湘鄂西苏区作战牺牲。"

　　1954 年 1 月 19 日，四川省人民政府追认董朗为革命烈士，并发给董朗夫人游文彬由中华人民共和国中央人民政府主席毛泽东签署的"革命牺牲军人家属光荣纪念证"："查董仲明同志在革命斗争中光荣牺牲，丰功伟绩，永垂不朽，其家属当受社会之尊崇。除依中央人民政府《革命军人牺牲病故褒恤暂行条例》发给抚恤金外，并发给此证以资纪念。主席毛泽东。"周恩来、董必武、陈赓、徐向前等领导和战友先后写材料回忆和赞颂。

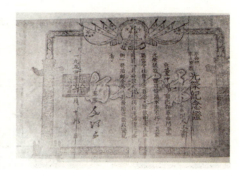

董朗烈士证书

1956 年 2 月 17 日，贺龙元帅在给中共资阳县委的信中写道："董朗是大革命时期的党员、黄埔学生，大革命时期任团长，参加过南昌起义，后任湘鄂西特委委员、江左军负责人，红四军参谋长、湘鄂边独立团参谋长等职。"

至此，董朗烈士的身份得以完全证明。其所蒙冤辱，得以昭雪。他为革命立下的功劳，也逐渐被后人发掘查实。

1991 年，革命英烈董朗魂归故里，家乡人民为缅怀革命烈士，决定在桃花仙子广场上，竖立一座用以祭奠董朗烈士的雕像，供人们吊唁瞻仰，让人们永远怀念和记住这位中共历史上举足轻重的革命烈士。

1992 年，董朗亲属，陆丰市委、市政府代表及龙泉驿区塑像领导小组副组长甘国和在塑像前合影

1991年，龙泉驿区召开各机关为董朗烈士塑像捐资动员大会

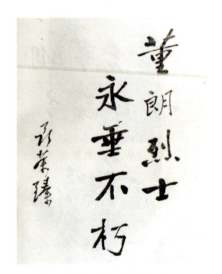

1991年，聂荣臻元帅亲笔为董朗烈士的题词

1998年，龙泉驿区实验小学师生为董朗烈士扫墓

1991年2月28日，90多岁高龄的聂荣臻元帅亲笔为董朗烈士题词"董朗烈士永垂不朽"。

龙泉驿区先后编撰出版了《董朗传》，修建了董朗路、董朗纪念馆，上演了舞台诗剧《永远跟党走——向董朗致敬！》；四川省雄州简阳川空广场名人雕塑也有董朗塑像；广东省海丰县红宫展览室里陈列着他的革命斗争事迹；紫金县还为其建立了纪念墓、碑；在洪湖市的湘鄂西革命烈士纪念馆里，也保存有董朗的革命事迹资料。

中国人民将永远铭记董朗烈士的功勋！

妻儿寻亲空悲切

回想起1927年7月，董朗妻子游文彬收到丈夫从武汉寄来的一封信，要她带着未曾见面的孩子前去相聚。她欣喜若狂，立刻东挪西借凑足盘缠，带着6岁的儿子与三弟董嘉敏一起赶赴武汉。

不料，7月15日，汪精卫背叛了革命。武汉顿时笼罩在白色恐怖之中。董朗早已根据中共中央临时政治局常委会紧急决定离开那里，随叶挺率部去了南昌，唯一留下的只有一个箱子。

游文彬未见到丈夫的半点儿影子，只见到董朗留下的那个箱子。箱子里有他在黄埔军校时穿的军装，有一枚省港大罢工奖章，还有一张他身着军大衣的相片（这也是董朗烈士留下来的唯一一张相片）。千里迢迢赶来和父亲相识的年仅6岁的儿子，能够见到父亲的模样，就仅仅是这张身着戎装的照片！

游文彬在武汉几个月，仍然没有丈夫一丝消息，只好带着儿子与三弟回川了。丈夫留下的军衣是无法带走的，只好忍痛扔进了长江，那枚奖章和相片就缝进棉衣里悄悄带回。

在极端艰难的日子里，游文彬含辛茹苦，侍候婆母，教育儿子，支撑起这个家。家贫出孝子，儿子终于不负母望，1945年考入四川大学法律系。游文彬笑了，在那无数极度思念丈夫的日子里，儿子的成才无疑是她最大的安慰。1949年底，儿子也正式告别川大，开始了他的教书育人生涯。

1950年，董万任当选为简阳县第一届人民代表大会代表，出席了在泸州举行的川南区第一届各界人民代表大会。同时，董万任的夫人石正矩也于 1951 年 12 月参加了"民盟"。1953 年，因工作调动，董万任举家迁往资阳，他先后被任命为资阳二中教导副主任、校长，同时，被组织派送北京教育行政学院培训 1 年。

1957 年 1 月，董万任成为中共正式党员。1962 年，资阳一中、二中合并为资阳中学，董万任被任命为校长（正县级）。1966 年 4 月，年仅 44 岁的董万任因患胰腺癌在病痛中告别了他的母亲、妻子和 5 个子女。

董朗牺牲后，面对严酷的生活现实，两代孀居的女人紧紧地站在了一起。考虑到董家的困难，组织上也曾多次提出在经济上给予一定援助，但是每次都被游老太婉言拒绝了："政府也有不少困难，我们这点小困难算得上什么，自己是可以克服的，比起那些年代来，就该知足了。"董家唯一例外的一份"救济"就是游老太作为烈士遗孀，每月从政府那里领取 10 元的抚恤金。对老人而言，她更看重的是这区区 10 元中饱含着的无以计价的含金量！

董朗这些革命先烈固然伟大，但是，在他们身后，那些把儿子、丈夫送给革命的母亲、妻子也同样伟大，她们是大地，是故乡，是炊烟，是亲情，是漫长的等待、担惊受怕、刻骨铭心的思念，甚至一辈子的思念。

每每想起董朗，游文彬就唱起客家山歌，声音忽高忽低，时断时续：

新换草席两面光，

席上龙凤戏鸳鸯。

锦被宽大半边空，

梦中千回入洞房。

……

1987 年 12 月 21 日，87 岁高龄的游文彬老太安详地合上了双眼。

聂荣臻元帅托人送了花圈，海陆丰有关方面也发来唁电，并请代献了花圈。

龙泉驿区委派时任区委办副主任的傅全章和组织部沈定昌、区志办张益民 3 位同志，代表龙泉驿政府前往悼念。

如今游文彬和董万任的墓地，已由他们的后人从资阳迁至龙泉长松寺公墓，"魂归故里"。

董朗后人多才俊

董朗唯一的儿子董万任，一生都没见过父亲。他四川大学毕业，读书期间就参加了共产党的外围组织，工作后曾任资阳中学校长，1966 年去世。

董朗之媳石正矩，在四川音乐学院的前身艺专读书，毕业后在资阳中学执教，后任资阳县人大副主任和县政协常委，现居成都。

董万任和石正矩有 5 个孩子：女儿董旭红、董晓兰、董碧蓉、董碧玲，儿子董宇凡。

董朗大孙女董旭红，四川轻工校毕业，成都卷烟厂标准计量科干部，现已退休，居住在成都。

董朗二孙女董晓兰，四川外语学院日语系毕业，曾在四川省有色金属公司工作，任办公室主任。现已退休，定居在澳洲悉尼。

董朗三孙女董碧蓉，现为华西医科大学教授，一级专家，当选为中

董朗后代全家福

华医学会老年医学分会副主任委员；董碧蓉教授团队曾荣获四川省科学技术进步二等奖。

董朗小孙女董碧玲，电大会计专业毕业，在资阳中学做会计工作，现已退休，居住在成都。

董朗孙子董宇凡，四川外语学院英语系毕业，曾在第二炮兵技术学院任教，后调北京二炮司令部做翻译。转业后到国家机关工作，后辞职，现为顺丰快递高管，负责海外事业部，现居深圳。

董朗的曾孙辈，全都大学毕业，在各自的工作岗位上为社会作贡献。

董朗大孙女董旭红的儿子李星，西南交大硕士毕业，先是在成都海关工作，现已辞职"下海"。

董朗二孙女董晓兰的女儿路伟艺，在澳洲银行工作。

　　董朗三孙女董碧蓉的女儿李媛，上海交大金融系硕士毕业，在美国麦肯锡任经理。

　　董朗小孙女董碧玲的儿子李明阳，温州大学毕业，现在上海外企工作。

　　董朗孙子董宇凡的儿子董小鸥，香港大学生物系毕业，加拿大哥伦比亚大学硕博连读毕业，现为美国加州大学博士后。

　　革命英烈后辈人丁兴旺，事业有成，董朗故乡人民甚感欣慰！

董朗后代瞻仰前辈

学问无遗力　功夫老始成
——国学大家、学人楷模王叔岷

　　洛带古镇是四川省十大名镇之一，旅游业十分发达，来古镇观光游览的人络绎不绝，每年接待游客上千万人次，人气十足。

　　熙熙攘攘的人群中，细心的游客会发现古镇下街一条小巷口有"王叔岷故居"标识和一尊青年书生抱琴的汉白玉半身雕塑。

　　一位着汉服的窈窕女子正在一字一句阅读碑刻：

　　"国学大家王叔岷（1914—2008 年），名邦濬，字叔岷，号慕庐，洛带镇下街人，是台海华人圈广受推崇的历史语言学家、校雠名家。王叔岷幼习诗书，年龄稍长，就喜读《庄子》《史记》《陶渊明集》，兼习古琴。1935 年就读于四川大学中文系，1941 年考入北京大学文科研究所，师从傅斯

国学大家、学人楷模王叔岷先生

年、汤用彤先生。后任职于中央研究院历史语言研究所。1949 年后任台湾大学中文系副教授、教授。1963 年后，先后任教于新加坡大学、台湾大学、马来西亚大学、新加坡南洋大学等。王叔岷被誉为 20 世纪庄子字意训诂方面最有权威的学者，其集大成之作为《庄子校诠》，并前后用 17 年完成巨著《史记斠证》。除此之外，其代表作尚有《左传考校》等，《斠雠学》则成为一门学问的系统理论。是龙泉驿这片沃土孕育出的最杰出人才之一。"

阅读完毕，她对着塑像拱手鞠躬，嘴里咿咿有声，连连惊叹，兴奋地招呼同伴围着雕塑合影，幽默地说："以前来过无数次都没发现这个帅哥，国学大家，太低调了嘛，来，来，来，我们一起把他捧成打卡网红人物。大家剪刀手举过头顶，耶！"咔嚓，咔嚓，手机闪个不停！

美女们移步到中街小广场，见一尊青铜全身雕塑矗立在眼前："这不是刚才那位王叔岷大师吗？"她们被叔岷先生文质彬彬而又儒雅俊朗的气质所吸引："来，来，来，沾点大师的文气灵气。"又是一阵合影留念。

是的，当地政府和龙泉驿人民为表达对王叔岷先生的敬意，特意塑了两尊雕像：一尊为汉白玉青年时期半身像，一尊为青铜中年时期全身像。铜像是请当代著名雕塑大师赵树同先生雕塑的。"名人雕名人，大师雕大师"，一时被传为佳话。这尊雕像也是赵先生最后的一尊遗作，十分珍贵。

文人之乡家族兴

洛带古镇沉淀积累了几千年历史文化基底，文化厚重，文脉昌盛，文气氤氲。从古至今，孕育了诸多杰出人物。

仅民国初年仍健在的文人中，有举人7人。其中文举人有徐发金、李先衢、戴洪章、刘相卿、刘贵文，武举人有何月成、张斌廷。文举人刘相卿、刘贵文系叔侄，二人中举，时人写对联相赠："五下科场三荐卷，一堂叔侄两孝廉。"还有秀才9人，其中文秀才7人，即曾纯敷、巫明波、曾海波、林克生、刘乙光、王耀卿、徐子翼；武秀才2人，两个武秀才是亲弟兄，其中李南山的曾孙李声泽教授系我国著名材料学专家。一个西部山区乡场同时活跃着7举人9秀才，这样的人才密度，即便放眼全国，亦属罕闻。"洛带出文人"的美誉不胫而走。

这些举人和秀才的基础教育都是在当地凤梧书院完成的。7位举人大都出去做过官，而秀才们则大部分留下来教书，足见当地文风之气盛，人文环境之优良。

还有更显赫的大人物，如练氏家族的练坤照为翰林院检讨（修史文官）；刘家祠堂中的碑文明确记载，当年从这里走出去一位刘家后生担任云南巡抚四品大员。

在那个年代，洛带下街诞生王叔岷这位最杰出的学人、大师级学者、著名国学泰斗，也是理所当然顺理成章，因为这里有丰饶的文化土壤滋养。

王叔岷家族当年在本地是殷实之家，祖父是洛带镇的保正、父亲是洛带镇的秀才。叔岷先生故居有三个门面，往里有27间房产，加上足够的地产，王家物质基础厚实，因而子孙可以一心读书向学，追求精神文化生活。

据叔岷先生自述：父讳增荣，字耀卿，号槐斋，清末秀才，四川绅班法政别科毕业，曾任四川高等法院书记官长。父亲说他出任过懋功县委员。懋功在四川大邑县西北，大小金川土司地，这里有"委员到任，不坐椅凳，仆人伏在地上，委员坐在仆人腰间"的习俗。父亲实在看不下去了，马上取消这种虐待仆人的恶习，并捐赠头一月薪俸与穷苦夷民。母亲张氏，朴实贤淑。祖父讳松茂，慷慨好义。祖母游氏，勤俭治家，晚年失明。父母对祖父母特别孝顺，名传乡里，附近乡镇如遭水旱天灾，洛带镇得幸免，皆以为王家有孝子孝媳之故。虽有迷信色彩，但乡里常有这种说法，叔岷幼时经常耳闻。

王叔岷有哥哥邦杰、邦柱两人，弟弟邦鉴一人，姐姐邦英、邦桢两人。长兄邦杰性情豁达，中学修成学业就学习电报业务，后任电报局长。邦柱哥哥幼有神童之名，通过中学生"庚子赔款"（中国"庚子赔款"后，美、英、法、荷、比等国相继与中国订立协定，退还超过实际损失的赔款。退还款项除了偿付债务外，其余悉数用在教育上）留学考试，因患肺病，未成行而逝。弟弟邦鉴聪明颇似邦柱，幼习诗歌，颇有灵气，著有《和杜甫秋兴原韵八首》佳作，可惜已经散失了，不幸亦在就读中学时患肺病早逝。还有一个哥哥邦槐，很早就去世了，叔岷都没见过。邦英大姐极贤惠，巧于女红，嫁给本乡黎姓望族，很早就守寡了，抚养幼子光霖成人。光霖身体虚弱，患胃病而逝。二姐邦桢，知书达礼，毕业于成都女子师范学校，嫁到资阳罗氏家，子女皆成才。

古镇中街左侧，兴建有一个公园，里面花草树木繁茂，面对层层青山。公园里悬挂父亲所撰的木刻对联甚多，依稀还记得两副：

在入园处的一副是：

> 莫问亲疏，都是主人都是客；
> 须知爱惜，一堆花草一堆钱。

在茶社间的一副是：

> 七碗初浮，万花齐发；
> 层峦耸翠，飞阁流丹。

古镇下街有一湖广会馆，馆中供奉夏禹王。幼时父亲告诉我，里面有副高大的石刻对联，是他作的，并念给我听。可惜我只记得上联第一句"传子即传贤"，也幸而我还记得这一句。1992 年 6 月 30 日，我回到家乡洛带镇访问，湖广会馆早已改变，左边改为茶社，右边改为民房。父亲所作的石刻对联，下联在茶社中，上联在民房内，我去交涉，抄录下来，是这样的：

> 传子即传贤，天下为公，心同尧舜；
> 治民先治水，山川永奠，泽重湖湘。

上联尧传舜，舜传禹，并是传贤，禹传子启，亦是传贤，切合供奉夏禹，下联夏禹治水，恩泽及于湖湘，切合湖广会馆。

公园中木刻对联已毁灭无迹。会馆虽不存，石刻对联，尚能幸存，如我不记录，亦无人知作者为谁了。

少年苦修成英才

据王叔岷先生回忆：我三四岁时，父亲在成都教书，回家常牵着我散步，教我背诵简短的唐诗。如李白的《静夜思》、王维的《竹里馆》、孟浩然的《春晓》这类小诗，虽不识字，亦容易朗朗上口。

我小时个性强而笨拙，直到7岁才正式入学。父亲送我到薛姓邻家私塾中读书，老师为罗次元先生。先生教学甚严，初读《三字经》《百家姓》，必须背诵，读完由首句背至末句，谓之"包本"。叔岷每天早晨早早就起床，坐在薛家大门前石凳上，一边看书，一边等候开门入塾。同学10余人，皆10岁左右，先生教读《论语》《孟子》，选读《古文观止》，偶尔亦选读唐诗。每天约1小时用毛笔练习大小楷，10天1篇作文，先生用红笔圈改。

我在私塾读书约4年，11岁（1925年）入洛带镇高级小学，有英文、算术、公民等功课。两年毕业，13岁（1927年）随父亲到成都，由父亲授以《诗经》《左传》《史记》，左太冲、陶渊明、李太白、杜工部诸家诗。闲暇时，尤其喜欢读《庄子》。

父亲教我诗文，进步很快，又托朋友教我学习射箭。他更希望我学习古琴，重金购得明代连珠式古琴1把，请南北名师教我弹奏。先练习12种指法，才学弹最简单的《仙翁操》，反复练习。进而学弹《杏坛吟》四句："暑往寒来春复秋，夕阳西下水东流。将军战马今何在，野草闲花遍地愁！"加上几句尾声。后来开始学弹《观音咒》《醉渔唱晚》《平沙落雁》，南音较温和，北音较雄壮。北方这位教我的琴师，由父亲的朋友介绍我跟他学古琴。他说，他不要学费，愿得其人而教之。他教我弹《醉渔唱晚》，我很快就会了，他很惊奇地说："跟我学琴是要学费的，回去告诉你父亲。"我很不高兴，心想，你不是先表明不要学费的吗？古琴这样高雅，却还要钱！第二天我就不去了，很可惜！其实我应该想想，他也要生活，怎么不要钱呢！我不跟父亲商量，傲然不去了，真是年少不懂事！

这张古琴，流传了500年，幸而我能得到，一直伴着我到现在，共患难亦共安乐。1979年夏，我在新加坡南洋大学教书，有位素不相识的女孩，善弹古筝，苦苦央求我教她古琴，我答应了。后来她被一个男孩子欺骗，负债很多，大概是为了还债，把我的琴借去，人就不见了。我以为古琴与我缘分已绝，不愿追究。另一位陈姓学生，大感不平，多方追索，终于失而复得，真是太幸运了！为此，我还曾写过一首《琴劫》绝句：

失窃名琴众口传，无心追索了前缘。

何期幼小随身物，一劫归来五百年！

回顾壁上素琴，不觉一笑。

我14岁进入成都石室中学读书，那时好读书，也好运动，每周上体育课，练习篮球或足球，星期天也邀约同学到学校练球，后来一直到大学。篮球、足球及排球，我都被选入文学院的代表队。17岁我考进联合中学高中部（石室中学），与同侪结为"梅花五子"，别号孤鹤。
19 岁以第一名的成绩考入四川大学中文系，受教于朱光潜、刘大杰、
林山腴、徐中舒等名师。

川大同学听说我能弹古琴，再三劝我演奏一次，不得已，我答应了。
一天晚上，学校礼堂爆满，皆屏息静坐，听我弹奏《平沙落雁》。模拟
群雁自远空飞来，在空中盘旋，或陡然敛翼冲下，又忽然飞起，或相呼，
或独鸣，或息沙滩交颈亲昵，各尽其声，各表其态，反复循环，偶尔亦
掺杂流水之清音。弹奏完毕后，欢呼声、掌声经久不息。

叔岷先生大学毕业后，考取了北京大学文科研究所研究生。因抗战
的缘故，北京大学文科研究所被
并入中央研究院历史语言研究所。

1940 年 12 月，历史语言研
究所迁至四川宜宾李庄栗峰。

1941 年秋，王叔岷先生整装
抱琴，离家赴李庄，师从研究所
长、导师傅斯年和副导师汤用彤，
从校勘训诂入手，研究《庄子》。

1940 年，王叔岷先生在四川大学上学时的飒
爽英姿

叔岷先生回忆第一次见到傅斯年先生的情景："我将写的诗文呈上，
向他请教，他说说笑笑，学识之渊博，言谈之风趣，气度之高昂，我震
惊而敬慕……既而傅先生问我：'你将研究何书？'答云：'《庄子》。'
傅先生笑笑，就背诵《齐物论》最后'昔者庄周梦为蝴蝶'章，一副怡
然自得的样子。傅先生忽而又严肃地说：'研究《庄子》当从校勘训诂
入手才切实。'又说：'要把才子气洗干净，三年之内不许发表文章。'

我当时很不自在，又无可奈何，既然来到研究所，只得决心下苦功，从基础功夫研究《庄子》。"

那时傅斯年就发现叔岷是个可造之才，着意培养，并用金条买了一部宋本的《庄子》，专给叔岷用，用完锁在保险柜里；副导师汤用彤也勉励他不恃才自傲，须"痛下功夫"。

叔岷有幸得到傅斯年先生亲自教育熏陶，给他指点治学门径，遂从校勘、训诂入手，博览群书，广辑资料，渐入学术佳境。

叔岷一生的为人、治学、处世皆深受傅斯年影响，故将斯年先生作为自己的第三任老师，兼及所敬仰的胡适和蔡元培两位，共3位导师指导研学。

叔岷先生1943年获得硕士学位，留所任助理研究员。1944年8月，完成《庄子校诠》，共20余万字。1946年，抗战胜利后，他随中央研究院历史语言研究所回南京。当年发表了《庄子通论》，刊载在徐复观先生创办的《学原》学报上，深受学界好评。

1947年9月，叔岷先生的第一部专著《庄子校诠》由上海商务印书馆正式出版，从此他与庄子结下不解之缘。

1943年，王叔岷先生获得硕士学位

那时，叔岷先生学术天赋初绽，成为学界耀眼的明星。

学养高超为人师

1948 年，王叔岷先生随史语所迁入台湾，受聘于台湾大学中文系任教，教授"大一国文"与"斠雠学"。

1951 年，叔岷先生开始教授《庄子》，以《庄》解《庄》，又旁及相通之诸子百家，并引汉魏六朝唐宋各大家诗作为证，一时学界轰动，慕名来旁听者甚众，并获得"庄子专家"的称号。

1959 年，叔岷先生以访问学者身份，赴美国哈佛大学远东语文系研修一年，1963 年受邀赴新加坡大学中文系任客座教授达两年，1967 年赴吉隆坡马来亚大学汉学系任客座教授，1972 年转赴新加坡南洋大学任讲座教授，1980 年出任新合并的国立新加坡大学中文系主任，创办了博士班。他在东南亚地区很有影响力。

1981 年，叔岷先生回到中国台湾"研究院历史语言研究所"，并在台湾大学中文系任教，1984 年从历史语言研究所退休，终身留聘为兼职研究员。第二年仍在台湾大学任教，1992 年被聘为"中国文哲研究所筹备处"咨询委员。

叔岷先生作为教师，深受师生爱戴。

据他的学生回忆：先生雍容儒雅，待人温厚，视学生如子女，教学不拘泥旧说，常有新解，又很系统，而且感情投入很深。改作文，有一句好都要标出来，顶批、旁批、总评，总是满满的。他发卷子时，将学生一个一个地叫到面前，细细地讲，奖励的话多，批评的话少。学生非常喜欢，常与先生亲近倾谈。先生课余忙于著述，学生想来又怕打扰，但只要有学生到访，无不热情接待，并常说"你们没来我总是没空，你们来了我就有空"。师生之间无话不说，甚于家人，凡经教诲者，无不如沐春风，终身感念。

叔岷先生教学研究孜孜数十年，最大的安慰，就是学生的爱戴。他出版6本诗集，为学生写的诗篇最多。学生送来一束花、一盒糖、一封信、一片落叶，都珍爱无比。师生之间以真情相处，亲如家人，何等愉快！

叔岷先生是一个真正的诗人，一个非常深情的诗人。闲暇时，爱读《红楼梦》，会为"黛玉葬花"情灵摇荡。偶见阳台上蝴蝶折翼、窗外杜鹃陨落、径前枫叶飘零，会驻足惋叹，慨然赋诗。

数十年来，叔岷先生因长期从事教学、写作，操劳过度，患上胃疾，曾三度昏厥，几不能起。1982年，先生再度因长期研案劳神，导致胃穿孔，上课时晕倒。稍愈后，先生仍不引起重视，继续研撰不停，在撰写《庄子校诠》期间，胃疾复发，弟子们争先恐后轮班至台大医院陪侍，其中不乏岛内外知名学者教授。先生回台大后，因为身边无人相伴，台大中文系上过先生课的同仁相约，每星期三课后中午陪先生午餐，由大伙轮流做东，已退休老学生也闻风而动，全体加入，这就是在台学界引为佳话，维持了20多年的"三中全会"，先生之受敬爱，于此可见一斑。

《王叔岷教授与新、马》作者郑良树总结道："港台学者赴新、马汉学界担任教席者，为数不少，然而，能像王师逗留这么长久，并且贡献这么多的，恐怕没有第二位了。在讨论王师的学术生命时，新、马这16年肯定是王师不可缺的重要部分，然而在讨论新、马汉学的过去、

1991 年，王叔岷在台北南港研究院胡适之纪念馆前留影

现状及未来时，王师这 16 年的贡献，在新、马汉学界内更具有重要的地位和影响，而且也成为新、马汉学界最重要的构成部分。"新加坡后来评价："这位桃李满门的一代儒宗，在 80 年代国大中文系最困难的创系时期，毅然决然地抛开自己过去所坚持的'只管教务、不管系务'的想法，挺身而出主持系务工作，从而延续了新加坡华文高等教育的香火，对国大中文系乃至整个新加坡华文文化界做出了难以估量的贡献。"

累累著述墨飘香

王叔岷先生选择了一条最朴实无华、最艰难沉闷的学术道路，以必须先下"笨工夫"的"古籍校证"作为终身志业。他的法心和深情，源自天性，他治学的勤奋不懈，则出于学术责任的执着。他时常提及，影响他学术生命最深者，就是幼时受先父耀卿先生之谆谆庭训，继而进入中研院史语所后，受傅斯年先生之启示与鼓励。

　　勤于著述和兢于教学之外，叔岷先生不带助手、不加入或形成任何学术团体，不担任任何行政职务（唯有一次短暂例外），甚至拒绝参选院士。

　　他不图虚名，只踏实深研。研究方向主要为先秦诸子、校雠学（研究中国古代整理文献方法的学科），是中国台湾和东南亚华人圈广受推崇的历史语言学家、校雠名家，是享誉世界的国学大师，被誉为20世纪庄子字意训诂方面最权威的学者。

　　叔岷先生总结出自己的治学经验："校勘古书是一种小学问，可以帮助研究大学问；是一种支离破碎的小工作，可以帮助通大义，有系统的工作；是一种绣花针的工作，可以帮助大刀阔斧的工作；是枯燥无味的工作，却有一种无味之味。"

　　叔岷先生女儿王国璎回忆父亲时说："自我有记忆起，父亲只要在家，似乎总是坐在书桌前，专心著述写作。桌面上堆满古旧的线装书，一本本整齐排开，上下斜叠，以备查阅。父亲写文章从不打草稿，直接在稿纸上撰写，字迹娟秀端正，无须另行誊抄。偶尔需修改补充，则靠纸条、剪刀、糨糊，随时剪贴修补。就这样年年岁岁，岁岁年年。在教学之余，勤力考校经传子史、六朝诗文，

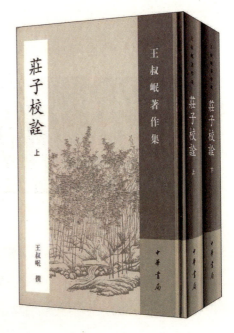

王叔岷先生著的《庄子校诠》

始终著述不辍，从 28 岁撰就《庄子校诠》，至 85 岁出版《左传考校》，共计出版专书 30 余种，撰写论文 200 多篇。其中尤以陆续花费 17 年岁月才完成的一部《史记斠证》10 巨册，最足以展现其校勘训诂之笃实功力，以及锲而不舍之治学精神。父亲淡泊名利之外，谨守规矩之中。除了吃饭、睡觉，除了忙中偷闲的运动、写诗、与弟子交谊，所有的时间都用在了教学和著述上。"

从 1965 年起，叔岷先生共花了 17 年的课余时间撰写了 300 万字巨著《史记斠证》。除此之外，其代表作还有《庄子校诠》《左传考校》。《斠雠学》则成为一门学问的系统理论。

台湾大学总结："先生之学术，兼及四部，著述丰宏，而皆渊博精深，成一家言；古籍之校雠隻笺证，尤为当世推重。"

70 年来，叔岷先生遍校先秦两汉魏晋群籍其中，《庄子校诠》《斠雠学》《史记斠证》《诸子斠证》《庄子校诠》《列子补证》《刘子集证》《世说新语补正》《颜氏家训斠补》《列仙传校笺》等书皆是以斠雠学方法董理古籍的传世名作；《史记斠证》《庄子校诠》《陶渊明诗笺证稿》《锺嵘诗品笺证稿》《先秦道法思想讲稿》《左传考校》等，更是融校勘、训释、义理为一体，开启了"由实入虚"的治学途径。

龙泉驿区档案局馆藏王叔岷先生著作集

1993 年，台湾大学中文系编纂出版了《王叔岷先生八十寿庄论文集》，集稿 49 篇，80 余万字。

1998 年，叔岷先生应邀参加北京大学 100 周年校庆，在"汉学研究国际会议"闭幕时致辞，并被会议安排在合影中第一学人位置。

2000 年，台湾行政主管部门颁予王叔岷文化奖。

2001 年，台湾大学中文系出版《王叔岷先生学术成就与薪传研讨会论文集》。

2003 年，台湾"研究院历史语言研究所"《历史语言研究所集刊》为祝王叔岷 90 寿辰，专门为其出寿刊，列为第 74 本。

2007 年，北京中华书局陆续出版《王叔岷著作集》共 19 种 30 册，另有回忆录《慕庐忆往》单独发行。

2014 年初，叔岷先生和女儿国瓔已累计向台大中文系捐款达到 750 万台币，设立了"王叔岷、王国瓔奖学金"。

同年 5 月，台湾大学中文系举办了"王叔岷百岁冥诞国际学术研讨

2014 年，台湾大学中文系举办的王叔岷先生百岁冥诞国际学术研讨会合照留影

会"。叔岷先生桃李满天下，就文献整理而论，校勘学乃是基础功夫，但放眼两岸学界，已有绝学难传之叹。与会学者共同认定，先生是乾嘉学派三百年来第一人。10月16日至17日，龙泉驿区档案局联合四川师范大学历史文化与旅游学院、成都大学文学与新闻学院举办"纪念王叔岷先生百年华诞学术研讨会"。学者们综合研讨后，将先生确立为"中国当代学界学术的大家，学人的楷模"。

从胡适到傅斯年，从傅斯年到王叔岷，师徒传承的学术薪火呈现出近现代中国最精粹的一脉。

台湾狂人作家李敖服过谁、说过谁的好话？但他却在文章里评价说，叔岷老师是他所见识的真正一生潜心做学问的两三个学者之一。

儿女亲情绵绵长

1948年冬，傅斯年召集中研院史语所、故宫博物院、中央图书馆人员及珍藏文物拟同船迁台。临行前，征询叔岷先生意见，先生说："我回四川，不能回四川大学教书；回家乡，带妻女只有累父母。"于是先生与家乡父母、长子从此不得不骨肉分离。

先生长子王国简，生于1939年，出生刚满40日，就为躲避日机轰炸，由耀卿公抱回家乡抚养，后曾任成都同安中学校长、龙泉驿区政协副主席。1946年春，叔岷先生还乡辞亲，因父母喜爱长孙，临别将国简留下。外敌刚御，内战又起。未曾料抗战胜利后的还乡辞亲，竟是与父母的永诀，直至1962年叔岷先生与国简再次联系上后，方知父母已于1950年前后在贫困交加中去世，连葬于何处都不得而知。1964 年，叔岷先生取别号"慕庐"，取《孟子》中大舜"五十而慕"之意，即 50 岁犹思慕父母。

叔岷先生长女国璎，1941 年生，毕业于台大中文系，留学美国哈佛大学远东语文系，获新加坡国立大学中文系博士后，即任教于该校，1994 年受聘台湾大学中文系。父女重聚、同系讲学，一时在学界传为美谈。女婿萧启庆先生，台大历史学系学士、硕士，哈佛大学远东语文系博士，专攻元史，为台湾研究院院士、清华大学讲座教授。

叔岷先生次子国瑜，1951 年生于台湾，留学美国明尼苏达大学，治数学，曾在佛罗里达州立大学修读数学博士，长期留居美国。

叔岷先生义女美玲，家居香港，自幼丧父，由母亲艰苦生活中教养成人，到台湾大学中文系读书，跟国璎友好，拜叔岷夫妻为义父义母。因她在香港，为协助寻亲提供了方便，国璎才得以跟四川洛带镇的哥哥国简联络。美玲宛如亲生女儿般孝顺，这可说是缘分。

国璎回忆自己：几岁开始随父亲读诗？已记不清了。不过在父亲跟前"正式"上课读文章，好像是小学三四年级的一个暑假。第一篇就是《五柳先生传》，接着是《桃花源记》。父亲如何讲解，当然不复记忆，只依稀记得，通常是他先念一句，我跟一句。父亲用惯他的四川腔，十分温和的像吟诗般诵读文章，听起来很舒服。我的眼睛就随着他的手指在书上缓缓移动，盯着每一个句子，每一个字，不知不觉跟着他轻微摇晃起来，模仿他陶醉的神情和吟哦的声音；又好像每次都是和邻家小孩玩得最起劲的时候，母亲就用她天生嘹亮的嗓子，从屋里朝窗外喊："国璎！王国璎哪！该回来跟爸爸念书啰！"那时贪玩，心里不免嘀咕，别人家小孩都可以一直在外面玩。我还是一面大声答应，一面跑回家，这时父亲往往已坐在桌前等我，书也翻开了，和蔼地唤我坐在他身旁。我三蹦两跳坐上凳子，悬着腿，半趴在桌上，开始"上课"。或许那时还没开窍吧，我平时话多，意见也多，叽叽呱呱说个不停，一上课，就静默下来，似乎也不会发问，只顺从地眼看口念，傻傻地听，有时又仿佛在想东想西，心不在焉的样子。在厨房做家务的母亲，偶尔会忍不住探身过来，插嘴问："到底懂了没有？"

至于我那时的两根小辫子，则是父亲的"杰作"。其实自我有记忆时起，每天早晨母亲都忙着准备早餐，总是父亲把我叫醒，为我梳辫子。

父亲的琴是先祖父几经周折才购得的"连珠式"七弦琴，属明代古物。我从小就听父亲弹琴，尤其每逢农历十五的月圆之夜，父亲会把书桌上的书籍移开，古琴横置桌上，桌中央则放着一只小香炉。我往往就在幽幽琴音与袅袅檀香缭绕中，躺在母亲身边蒙眬睡去。

不久父亲就要我"该学弹琴了"，于是学了"仙翁操"与"观音光"等曲，可惜后来因课业繁忙，而且大学毕业即赴美留学，更何况已过去30年，古琴的弹奏已不复记忆。不过父亲却把这张跟随他奔波一生的古琴交给我，挂在我的客厅墙上，徒自默默叹息逝者如斯而已。

正式成为父亲课堂上的学生，是进台大中文系之后。

父亲对我没兴趣修"校雠学"，未继承他走考证校勘之路毫不介意，对我毕竟选择学术研究为终身志业欣慰不已，很自然地成为我研究学问，甚至准备教材时，可以讨论问题，征询意见的对象。我未回国之前，遥居狮城，山水阻隔，利用每周一次通电话时间，除了问候生活起居之外，就是跟父亲聊聊自己的教学情形或研究心得，听听他的意见。

如今返台已匆匆六载，得以重新在父亲跟前做女儿，是何等幸福之事，父女又同时在台大中文系任教，更是千载难逢之缘。父女相聚，经常一起享受"奇文共欣赏，疑义相与析"的乐趣。

王叔岷一家在新加坡的合影（右起王叔岷、王国璎、杨尚淑、王国瑜）

我每写一篇文章，若有"得意"的新观点，恨不得先吐为快，父亲总是在我身边，纵容我挥手放言高论，或是面带微笑，点头称许，或是提出另外的看法，引我深思。不止一次，正谈得兴高采烈之际，父亲忽然停下脚步，微仰着头，若有所思似的，双眼凝视远方，然后语含欣慰地说，简直就像他当年随祖父一起读书论学的欢愉情景一样。

国璎珍惜这份天伦情缘，内心充满感激。

自 1946 年春叔岷先生辞别父母，离开家乡洛带镇，再难回到家乡。1992 年 6 月 20 日至 7 月 3 日，国璎陪伴父亲一行回国，前后 14 日。先到广州，续往桂林，后到北京，再飞成都家乡，机中皆四川人，闻家乡口音，甚感亲切。国璎笑着说："我从未听到这么多人说四川话，真有趣！"在成都停留了 3 日，回到家乡洛带镇，叔岷先生与长子国简、儿媳、长孙永平及孙女永宁、永蘅短暂团聚，即结束返国之愿。旅途感慨甚多，作《故国行》绝句 18 首。

录两首在此。

寻　家

一九九二年六月三十日壬申六月初一日，回成都市郊故乡洛带镇，旧家已分属不相识之三家矣。先君于苦难中不知流离何处以终，伤哉！

觅觅寻寻日影斜，思亲忍见旧时家，

举家苦难一肩负，换与儿孙幸福赊。

四十五年惨别离，思亲徒自忆容仪，

生无以养死无葬，遗恨千秋不孝儿！

留　咏

一九九二年七月初一日壬申六月初二日。将离故国，慨然留咏。

故国山河故国情，东西恶习应分明，

莫因举国向钱看，礼义遗风遂不行。

向荣故国日初升，欣见城乡百废兴，

劫运已随流水去，治安尚赖重贤能。

叔岷将《故国行》绝句，寄了几首给长子国简看，回信说："吟诵爸爸《寻家》《留咏》诗，百感交集！举家苦难一肩负，换与儿孙幸福赊。没有爷爷的教诲和作出的牺牲，就没有爸爸的成就；没有爸爸的教诲和关怀，就没有我们今天的幸运。希望永平兄妹明白，个人的前途要靠个人去创造，国家的前途要靠全民去创造。在创造过程中经得起挫折和失败，坚持不懈，才能有收获。"简儿毕竟从艰苦中成长，他的感想是不平凡的。

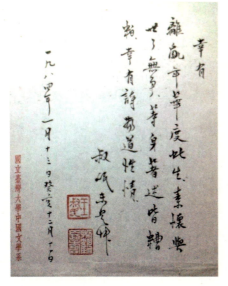

王国简收藏父亲王叔岷的书法作品

回想 1939 年为避日机轰炸，襁褓中的简儿就由父亲抱回洛带镇抚养，伯勋大哥、廉矩大嫂更是悉心爱护，三四岁时父亲就教他识字读书，到九岁居然就学习作诗。1948 年夏，我和淑妻在南京，父亲来信还说："简孙幼龄，初习作诗，尽有峥嵘气象。"后经"文化大革命"浩劫，简儿初跟着三舅公，既而流浪至内蒙古，生活虽苦，所幸不至于饿死。叔岷先生深觉欠简儿之父爱久矣，因无以弥补，终生难以释怀。

2001 年 11 月，叔岷先生因胃疾住院，体力衰退，步履蹒跚，已不能独居。国简到台北和父亲同住，并请一看护，日夜伴随，以防跌倒。这时先生虽饮食睡眠正常，却已不能像过去那样读书写书做学问了。平日则以看电视为消遣，最爱充满儿女情长与刀光剑影的武侠剧和日本的相扑节目，当然还有美国 NBA 的篮球赛，倘若有姚明上场，一定不肯放过。每到精彩处，随即开心地哈哈大笑，仿佛已忘却了人生的不平，摆脱世俗的羁绊，俨然天真童心再现。

国简体谅国璎独力照顾年迈父亲的辛苦，建议每年让父亲回乡一段时日，既可解父亲的"乡愁"，也可让自己有机会尽尽"孝心"。

从 2004 年起，叔岷先生即开始半年住台北，半年住成都国简家里。国璎说，当初父母带着幼小的我，随中研院赴台湾，从此两岸音讯断绝。

也就是为了与国简取得联系，父亲于 1963 年决定接受新加坡大学的邀聘，我则于 1984 年趁任教新加坡大学的假日期间，参加旅行团赴成都，兄妹终于正式会面，并于次年起，先后申请国简携带子女来探亲，父亲遂从台北搭机赶来父子祖孙团聚，此后即书信电话不曾断绝。

伉俪情深遗孤鹤

1937 年秋，王叔岷先生读大三，遇见心仪女子，书香才子牵手望族小姐杨尚淑（杨尚昆之堂妹），并与之完婚。他自述：杨家为大主，爱铺张，讲排场，重享受，所选女婿，所谓姑姥爷，不中品貌，要颇有地位而富裕者，而我在彼等眼中不过是个学生娃儿。婚后在文庙街僦楼房而居。1939 年 6 月我于川大中文系毕业，前途茫茫，颇感烦恼。

幸与妻杨尚淑一生恩爱，不论求学或往新加坡、马来西亚、美国讲授，或避祸逃难离大陆赴台，都是胥相伴随，未尝须臾离开。后其妻于 1977 年不幸因肺癌病逝于新加坡，亲朋或劝续弦，先生不为所动，其弟子林耀椿所撰《怀念王叔岷先生》中，记录了先生这样一句话："我认为人一生只应该结一次婚，夫妇是前生的情缘，也可说是情债，债还完了，不要再负债了。" 其挚情如此。

叔岷先生的一册诗作像日记一样，记录下与夫人杨尚淑有关内容，还原了一段一生只爱一个人的故事。

"（1936 年）春，经媒妁之言与潼南县双江镇杨姓望族女公子尚淑小姐订婚。尚淑盈盈丰美，方就读建国女子高中部，是富家小姐读书处。订婚后，不告诉我，便回家乡，不再读书了。"

那时候，王家是书香之家，用叔岷先生自己的话说，"仅小康"。杨尚淑则出身望族，为烈士杨闇公（杨尚述）、前国家主席杨尚昆的堂妹。两人结婚时，礼堂定在当时的成都打铜街明湖春餐厅，喜筵20桌，"可说相当奢华"，叔岷先生说，他当时还是大学三年级的学生，读书而外，对家庭没有补助，如此耗费都因为父母对两人的爱，让他自觉惭愧。

叔岷常邀"女粉丝"到家来，"尚淑非常豁达，信任我，这很难得。"她相信爱，不怕先生讨人爱，这是尚淑最让叔岷动容之处。

从北大文科研究所毕业后，叔岷先生辗转多所大学任教10余年，他将传统文化的精髓内化于心，外化于行，得到所有学生的追捧和崇拜，其中包括无数女学生。

叔岷先生说，女学生们经常找他请教文学，也喜欢找他聊国家大事、生活琐事、个人心事，无所不谈，"尚淑从不气恼，大方邀请她们到家里。"

一位叫娟娟的女子，常到叔岷宿舍聊天，很晚才回。那时叔岷一人在李庄求学，正在等待尚淑和小女儿搬来同住。有一次，聊天至深夜，娟娟竟然主动把门关上不走了，坦然睡在了叔岷宿舍的一张大床上。见此，叔岷则睡了另一张小床。不过，两人共处一室过夜的事情则被旁人致以冷语谣言。"我无话可说。"王叔岷讲，妻子杨尚淑也并没有以此事责难。后来娟娟仍会偶尔到访，杨尚淑和她相处甚欢。

1976年7月，杨尚淑被查出肺癌，走路越来越困难。"她仍然喜欢看电影，所以晚上我还是像过去那样，常常带她去看电影。"他饱含对妻子的怜惜，"后来严重到只能住在医院，我就每天下课后去陪她。"1977年3月，杨尚淑离世。这一年，63岁的叔岷与60岁的杨尚淑阴阳永隔。杨尚淑生前曾说过，"世变无常，我愿先走"，叔岷念及此最感叹："竟然一语成谶。"

妻子走后，叔岷先生多年孤居治学，旁人多劝他续弦，好友台静农也曾劝他两次，女儿国瓔也希望父亲再找个伴，他并不动心，作了一首《谢续弦》诗：

> 庄周妻既卒，不闻复续弦，陶潜有继室，乃由助耕田。
> 我今无旧业，何庸缔新缘，矧乃孤鹤性，不为俗情牵。
> 但得琴书趣，足以乐余年，愿言谢诸子，此心金石坚。

1987年3月5日，时值杨尚淑逝世10周年祭日，叔岷作诗怀念夫人。

悲　情

内子尚淑逝世于南洋大学已十年矣

南园永诀泪沾襟，乱世恩情海样深。

满眼繁花悲往事，空房寂寞十年心。

3月18日，叔岷因感念夫人的情意，又写一首不再续弦的诗。

明　心

丧妻当续弦，劝慰常光耳。

谁解痴顽心，澄明如止水。

直到 2008 年去世，叔岷先生仍然孑然一身。他坚守爱，记情终生不他移，31 年未再娶。杨尚淑给予丈夫一生的信任，王叔岷还给妻子终生不移之深情。

三不主义添雅趣

叔岷先生一生伏案治学，严谨精进，却是个幽默风趣、个性十足的人。他自谓奉行"三不主义"。一不为人作序，他年轻时《庄子校诠》脱稿，傅斯年师一再言，愿为其作序，岷皆婉谢。他不须人作序，并定下戒律，以后一生亦不为人作序。二不和人诗，世俗诗人喜欢和诗，互相酬唱。岷之诗自道性情所感而已。三不食圆形物，岷自幼即不食圆形物，见之则厌，至今亦然，殊不能自解也。因赋《三不》绝句：

> 标榜相夸何足云，虚名毕竟似浮云，
> 平生忌律严遵守，不为他人作序文。
> 甘于著述寄幽思，落落孤怀亦自怡，
> 为爱菁莪常有咏，平生不作和人诗。
> 淡泊生涯味自长，少私寡欲养行藏，
> 由来不食圆形物，独爱圆融话老庄。

有些学生听说先生不吃圆的东西，觉得好奇怪，甚至眼泪都笑出来了。有一次，一位学生知道他喜欢吃甜点，在宴会时，故意敬先生一个圆的甜点，叔岷不知道她是有意的，自然而然地也用筷子将甜点压得扁扁的才吃，她笑了。叔岷不吃圆的东西，尤其是豆类。

然而，对于老子、庄子，尤其是庄子所谈的道理，"终身言，未尝言。终身不言，未尝不言"（《寓言》篇），圆融无端，无迹可寻，叔岷却非常喜欢，至少至今，愈读愈有味也。对于人，如果非常圆滑，他却非常讨厌，甚于圆的东西。

有一次，叔岷无意间向学生说："我不喜欢跟老年人在一起，我跟老年人有代沟。"学生欢笑不已！又一次，一位女生结婚，在电话中请他作证婚人，他毫未思索地说："您请老一点的人哩！"学生笑道："老一点的？"他一想，原来忘记自己已是年届80的老人了，他自己也笑了。真是不知老之已至！

魂归故里留青史

2006年后，王叔岷先生长住龙泉驿，直至2008年8月21日于睡梦中安然仙逝，享年95岁。其长子国简将其安葬于故乡洛带镇外的燃灯寺公墓。

叔岷先生逝世后，国立新加坡大学和南洋理工大学两校中文系打破传统惯例，分别在《联合早报》上刊登"文星陨落""鸿儒骤殒"等挽词。当代著名历史学家王尔敏曾撰文评价："王师应是国际上负盛名之大师，世人岂有疑义。尊之为20世纪国学大师，乃当负之荣名，当是学界共识，非我辈门弟子所能私誉。"

中国社会科学院历史所所长陈祖武讲到王叔岷时曾说："大陆学者要研究《史记》《庄子》，（叔岷的著作）都是不能越过的东西，都必须去读的。用《诗经》里的话，叫'高山仰止，景行行止'，全中国的学人都在敬仰王先生。"

台大中文系、新加坡大学中文系分别举办隆重的追思会，海外学生也纷纷在《人物春秋》等刊物上发表纪念文章。

叔岷先生长期居住于台湾，闻名于台海及东南亚，经 40 载与家人分离，但爱国之情浓烈，晚年回归宁静的洛带小镇，落叶归根，他沉睡在故里，精神长存于人们的心中，永远成为龙泉驿的一座文化丰碑。

桃花漫山红　蜜桃自风流
——龙泉驿水蜜桃鼻祖、果神晋希天

　　大凡一件事物，从无到有，由小壮大，由弱变强，从量变到质变的过程中，总有那么些活跃元素充当了酶的催化作用。比如，龙泉驿的水蜜桃。

　　据考证，在久远的年代，龙泉驿是有古人种桃的，2000多年前的龙泉山已是桃木漫山，每到春天，就能看见桃花朵朵开了。

　　龙泉山的自然条件属于半干旱的低山区，具有桃树生长的自然和土壤条件，特别适宜桃木生长。

　　可桃树处于自然状态，没有被人工驯化，果实是不能随随便便为人食用的，更不能批量生产而产生经济价值造福于人。

　　直到20世纪30年代，有一个人的

龙泉驿水蜜桃鼻祖、果神晋希天

位于山泉镇桃花故里的晋希天故居

出现和科学干预，才改变了这一种原始野生状态，进入大规模人工种植的全新境界。这个人就是龙泉驿水蜜桃鼻祖、川西坝子种桃第一人、果神——晋希天。

晋希天（1903—1977年），字华育，希字辈，出生于简阳县山泉乡（现龙泉驿区山泉镇）晋家湾，后迁至山泉乡苹果村大桥沟，今山泉镇桃花故里。他有两个哥哥，六个姐姐。父亲晋嵩修，行医又种田；母亲王氏，持家教子最能干。他是果树专家，龙泉驿水蜜桃鼻祖，为发展地方经济，造福一方百姓打下了"桃花节"雏形。他提携了龙泉驿这方天地和人民，由一棵桃树、一朵桃花、一个蜜桃，改变和造福了人们的生活。当今和未来，龙泉驿人民将持续享用着他的福荫。

诗会孕育桃花节

桃之夭夭，灼灼其华。龙泉驿区从1987年开始举办第一届桃花会，一年一届，至今已34届了。举办桃花会这个奇思妙想和灵感顿悟，无疑受到了晋希天早在1942年举办桃花诗会的启示。

改革开放后，龙泉驿区一直在寻找和摸索发展经济致富百姓的路子。

那年那月那一天，春光明媚，时任区委书记的谢安钦，和同事们一边在桃花沟散步，一边思考讨论着带民致富的门路。看到艳丽的桃花一树一树地开放，美丽极了，不少市民三五成群欣喜若狂地出来赏花拍照。

遥想1942年，晋希天的桃树进入丰产期，桃花盛开之时，他邀请亲朋好友和华西大学同学到苹果村（今桃花故里）果园赏花品酒，春风和煦，暖阳高照，宾主欢聚，赏心悦目，谈笑风生，好不热闹。桃花灼灼，友人开怀畅饮，举杯把盏之间，有人提议吟诗庆贺，这便是一次小型"桃花会"。山泉小学校长王有为率先吟道：

> 春天桃花开，不请我自来。
> 赏花来咏吟，遗憾我未栽。

抒发向往桃花，羡慕主人之情。接着，有人提议作联句诗，大家立刻附和同意。四个人各说一句，联诗一首：

> 云间烟火似人家，高山深处露桃花。
> 赏花饮酒今日事，他年满山灼灼华。

接着晋希天即席成诗一首：

> 桃树栽上龙泉山，宴请宾客桃花园。
> 今年请来客两桌，他年宾客万万千。

诗歌不仅描绘山上桃花绽放的美景，而且预言桃树发展的壮丽画卷。第二年，晋希天又邀请乡保长、社会贤达、文人墨客前来赏花。洛带的青年才俊王叔岷应邀上山赏花，诗兴甚佳，写了一首古风绝句：

幽谷桃

甘藏幽谷厌繁华，冷淡胭脂逗晚霞。

却怪诗人诗吻恶，爱将轻薄贬桃花。

以后年年如此，每逢桃花盛开时，晋希天都要邀请客人来赏花，并送客人几株桃树苗，以资纪念。

眼前浮现晋希天"桃花源"的诗会场景，谢安钦灵感乍现：何不借桃花做文章，再续晋希天的诗情画意，每年三月桃花盛开时举办桃花会，

桃花染红龙泉山

邀请成都市民来踏春赏花？以花为媒，广交天下朋友，发展农业旅游经济，进而招商引资，发展工业，从而改变龙泉驿区单一的农业生产生活模式，走工业发展之路？

他提出这个想法，得到本区"四大班子"领导和成都市委市政府的支持和赞赏。

说干就干。1987 年 3 月，龙泉驿区举办了首届桃花会，40 万游客蜂拥而至，热闹非凡。从此，规模一年胜过一年，龙泉驿桃花会成为了成都平原最大的地方特色文化盛会。

2000 年桃花会更名为"中国·成都桃花节"，被国家旅游局批准更名为"中国·成都国际桃花节"，国家级成都经济技术开发区正式挂牌，桃花经济的爆发力趋于最大化。从 2002 年始，由成都市人民政府主办，龙泉驿区委、区人民政府、成都经济技术开发区管委会承办的桃花节每年开幕日期固定为 3 月 18 日。

随着春天的到来，人们赏花的范围也从书房村延伸至桃花沟，再逐步上山，到了石经寺、龙泉湖、桃花故里，直到遍及所有交通顺畅的山区。高峰时期，龙泉驿水蜜桃种植面积近 10 万亩，成为全国最大的桃花观赏基地。

除踏青赏花外，桃花节上有开幕式大型文艺演出、客家民俗活动、文学笔会、书画展销会、物交会、项目洽谈会、万人登山赛等内容。

2005 年，龙泉驿建成了全球最大的诗歌村，古今中外歌吟桃花的诗歌被雕刻到大理石墙上，引起文学艺术界的轰动。中国西部最大的汽车城开始建设，龙泉驿区的经济跻身四川省、成都市前列。

2006 年，龙泉驿区首届乡村诗歌节在桃花诗村隆重举行。诗歌节

中国乡村诗歌之乡桃花诗村

吸引了成都本地的数万名游客参与，也迎来了包括英国、加拿大、美国、印度等国友人的热情参与。桃花诗村也被授予了"中国乡村诗歌之乡"。

2007年，第21届中国·成都国际桃花节提出了"桃花生活方式"的理念，龙泉驿桃花催生了一种特有的生活方式。从诗歌的意义上说，龙泉驿这块土地就是诗歌的土地，龙泉驿人民都是诗人！这方水土是诗意的水土！

桃花生活诗意呈现。

桃花故里是晋希天的故居，以桃花品种多、花期长、密度高闻名全国。景区面积约30平方公里，拥有七里香埂、九道花弯、桃花诗村、大佛春天、香格里拉等五大景观，是成都市龙泉花果山风景名胜区中桃树、桃花最集中的景区，也是龙泉山脉种桃的发源地。

桃花故里几乎家家开办农家乐，注册经营约200家，其中能接待

龙泉驿的桃花节游人如织

100—400人的农家乐10余家，能容纳800人的4家，中型、小型居多。游客蜂拥而至，农家乐生意兴隆，有的农民在桃花节期间一个月的收入就超过了市民一年的工资收入。

水蜜桃丰收后的桃林笑语

　　桃花节推动了龙泉驿乡村旅游业的迅猛发展，赏花的游客也从最初 1987 年的 40 多万人次，突破到 2019 年的 2511.35 万人次，旅游收入从 20 万元攀升到 122.04 亿元。桃花节正在龙泉驿一步步结出硕果，提高了当地的知名度、美誉度和影响力。2008 年，"中国·成都国际桃花节"成功入选"影响四川改革开放 30 件大事"，入选改革开放 30 年"影响中国节庆产业进程 30 节"。2009 年，"中国·成都国际桃花节"荣获"2009 中国节庆产业金手指奖、十大品牌节庆"。

　　在龙泉驿，不仅有漫山遍野的灼灼桃花，更有香飘四溢的水果资源。随着人民生活水平的提升，生活在城市的人们需要返璞归真，投入大自然的怀抱。每年从 4 月下旬开始，一直到 10 月上旬，早熟、中熟、晚熟品种的桃子，纷纷描红画彩，依次登场，揭开这一年的甜蜜之旅。

　　桃花在枝头静静地吐露芬芳，花在林中笑，人在画里行。从晋希天栽下第一株桃树开始，龙泉驿的春天便染上了浓重的绯红，踏青赏花更

桃花节期间绽放的桃花漫山红遍

成为龙泉驿春天的主题。30多年来，龙泉驿桃花闻名遐迩，所演绎出的"中国·成都国际桃花节"更是扬名中外。龙泉驿桃花，留在了人们春天的记忆中。

年年岁岁花相似，岁岁年年人不同。桃花已成为龙泉驿春天的象征，桃花节"休闲、健康、时尚、快乐"的"桃花生活"方式也成为龙泉驿区对外开放的标志，成为龙泉驿一张靓丽的世界名片。

催生一座汽车城

晋希天当年种下的桃树，经过不断的繁殖推广，早已遍布古驿大地，鲜艳夺目的桃花绽放了几十年，而到了今天，龙泉驿的桃花不只是一道

1991年3月19日，龙泉驿第五届桃花会开幕及成都龙泉驿工业区挂牌仪式举行

美丽的风景线，更是一颗硕大无比的摇钱树。

近年来，龙泉驿区始终秉持"桃花搭台，经济唱戏"的理念，以每年召开的桃花节（会）为平台，大力开展招商引资，积极推动产业集

聚，发展壮大桃花经济。从 1987 年首届桃花会的物资交流会，到 1994 年第八届桃花会物资交流会变为招商洽谈会；从 1987 年物资销售总额 735.27 万元，到 1994 年招商洽谈会签约投资项目金额近 7000 万元、1995 年招商洽谈会突破 10 亿元、2008 年超过 100 亿元，到 2012 年最高峰时招商引资金额达到 678 亿元。30 多年来，桃花为龙泉驿迎来了数千亿的投资，这对成都经济技术开发区（简称成都经开区）的发展，特别是汽车产业的发展起到了极大的推动作用。

成都经开区是在桃花节的催生下诞生的，创立于 1990 年 7 月，2000 年 2 月被国务院正式批准为国家级经济技术开发区。成都经开区位于成都市东部，总体规划面积为 133.34km²，2008 年被四川省和成都

成都经开区汽车城一角

市确定为以汽车（工程机械）整车及关键零部件为主导的现代制造业基地，2009 年被四川省确定为重点培育的"特色成长型千亿产业园区"，2010 年龙泉驿区提出建设"成都国际汽车城"目标，2017 年在成都市产业规划中被确定为"成都汽车产业功能区"。

成都经开区坚持以汽车产业功能区为依托，全力构建以强大的现代汽车制造业为支撑、以汽车高新技术产业为先导、以现代服务业为核心的现代产业体系。汽车产业经过 10 余年的高速发展，从小到大，由弱到强，一年一个台阶，从零起步，汽车产业连续跨越汽车产业千亿、汽车制造千亿、整车制造千亿三大台阶，实现了跨越式发展。

成都经开区"平地起跳"，跳出了一条傲然向上的发展直线，成为闪耀在中国汽车产业发展版图上一颗耀眼的"新星"。到 2019 年，成都经开区共聚集一汽大众、一汽丰田、吉利沃尔沃、东风神龙等 10 家

美丽的汽车城鸟瞰

整车汽车企业，一汽大众发动机、博世底盘、富维江森等 300 余家零部件企业，汇聚世界 500 强企业 67 家、上市公司 57 家，排名全国十大汽车制造业生产基地第六位。

在大力发展汽车产业的同时，成都经开区积极推进汽车产业结构调整和转型升级，积极实施"主业突出，多元共兴"发展战略，紧紧围绕建设汽车产业"五基地"，实施全产业链发展，积极培育新能源、智能网联汽车等新兴产业；大力培育人工智能、新材料、康养等现代产业，积极构建产业生态圈，汽车产业功能区的产业体系更加完备。

在大力加强汽车产业功能区建设的同时，积极推动产城融合发展，立足于城市能级提升，将产业功能、城市功能、生态功能、文化功能融为一体，积极推动生产生活功能项目、民生项目和生态项目建设，做美城市环境、做优城市品质，城乡面貌发生了翻天覆地的变化。

随着成都经开区产业功能、城市功能的不断完善和一批批民生项目建成、一个个惠民政策落地、一项项惠民措施跟进，居民幸福感、获得感、安全感不断增强，城乡居民的幸福指数不断攀升，汽车城的形态更加彰显，"先进汽车智造区、美好生活品质城"正在形成。

从最初的桃花会，到如今的"国际桃花节"；从单纯地赏花观景，到现代农业开发、观光旅游服务、崛起汽车产业集群，一朵小小的桃花，串起了龙泉驿区产业转型升级和产城融合发展的轨迹。

从桃物质（花果资源），到桃文化（桃花节品牌），再到桃经济（汽车主导产业），龙泉驿人演绎的"桃花经济"，有一个清晰的美好图景。

从一汽大众宽敞大气的汽车生产流水线，到整个汽车产业功能区产业基地，穿行园林式生态化的工业厂房，悠久历史与现代文明交相辉映，人与自然和谐相处。

如今的盛景,由一朵桃花引爆龙泉驿的发展能量,使经济、文化、社会生活全方位提升腾飞,龙泉驿人民过上了幸福美好的日子。

这种景象是晋希天肇始的,桃花节的雏形是晋希天打造的,他催生了龙泉驿的桃花盛开,催生了龙泉驿区的经济腾飞。

希天立志报乡梓

前人栽树,后人享福。今天,我们必须以桃花、家风和诗的名义记起他——龙泉驿水蜜桃的鼻祖晋希天。

这位学农科技术的园艺专家,对选种、优化、改造、提升龙泉驿桃子的品种、品质做出了卓越贡献,为繁荣龙泉驿果树事业做出了卓越贡献,他是现代桃树栽培技术重要传承者之一,人称"果神"。

在世人眼里,一介书生的晋希天,曾在桃子成熟后领着几个挑夫去成都沿街叫卖,这情景多少有点异样。正是因为晋希天的痴迷执着,不懈努力,为龙泉驿跻身"全国三大水蜜桃生产基地"打下了早期底子,才有今天一步步发展起来的龙泉驿。

由此,我们也许能对传统书生的处世之道有深一层的理解。即使是环境所迫而局促一隅,作为诗经和楚辞濡养的知识分子,一旦因缘际会,迷上某事,一定会一头钻进去,发展出一门大学问来,哪怕再逼仄的领域也会发出生命的耀眼光芒。

著名诗人凸凹为晋希天写过一首叙事诗,诗中说:小希天的家,是由族谱、班辈、血脉、房屋、庄稼构成的。到了发蒙的年纪，父亲一咬牙，紧紧裤腰带，卖了家中仅有的一头猪，把自己最疼爱的幺儿，送进了私塾。

1916 年，小希天跟随他的希贤长兄走出龙泉山，去了仁寿县，自此踏上了离乡求学的第一步。那一年，他 13 岁。

读了仁寿小学，读了华西协和中学，教了 3 年书后，又读了华西大学。白驹过隙的时间，让希天成了山泉乡百年不遇的学霸，成了晋家大院引以为傲的优秀后裔。

他用学校奖学金冲抵学资，用业余照相获得衣食。为了少花一点晋氏族人设立的助学基金，从 1916 年到 1931 年，懂事的小希天，15 年过的是半工半读的辛苦生活！小希天不仅读课堂的书，也读乡土的书。

晋家大院那棵黄桷树至今都记得，考上华西协和中学的第一个假期，小希天回到家乡，正遇到大人们忙着重修《族谱》，而他却缠着大人们给他讲《族谱》中的"传记"故事。

"这个晋平中啊，你该叫十六叔的。他可是国家的大英雄。辛亥革命那年，他参加了新军，随夏之时从龙泉驿一直打到重庆，把一腔热血化作利刃，革那清朝的命。牺牲时，他还没吃上 17 岁的饭……

这位游氏，出自长房家中。她可是一位孝顺媳妇。他的公公瘫痪了 24 年，她就服侍了 24 年。一个女人啊，从新媳妇干到老人婆，连接屎接尿的活儿都干……

这位叫晋文舒，他可是一位见义勇为的好汉。明弘治年间，他去省城赶考，刚翻过斩龙垭，就遇到两个山匪抢劫一对过路母女，他救下了母女，却把一条进城赶考的腿落在了路边的荒草中，眼睁睁看着一条野狗把它从容叼走。

希天啊，咱晋家还有许多许多好人的事迹，传记中都没有记载呢。比如你爷爷，他就是一位宅心仁厚的人。他原本住在山脚下晋家湾，为了给族人腾出几亩好地，主动迁家来了这贫瘠的山上。开荒播种，早出晚归，一个人的搏命，奠定了一脉新家的基业。"

这个寒假，除了帮父母干活，免费给乡人照相，希天把全部的时间都交给了这些故事。他在故事中感动，在感动中落泪。这个寒假，他有了一个初愿：向先人学习，以故事中的主角为榜样，实现一个布衣读书人的家国梦。

扎根故乡研果技

正是在桑梓立下的初愿，让晋希天成了一位有心人：任何一个机会，他首先想到的是亲人，任何一种可能，他第一时间关心的是家乡。他本是攻文学、专外文的，为了晋家的兴旺，却在本专业之外，成了果树专家。

他本是学子追随的大学教师，为了回报故土的养育，毅然辞掉工作，脱下西装革履，回到山泉乡，当起了山中的果农、祠堂的乡贤。

1930年，晋希天参加华西大学少数民族风情考察团，赴打箭炉（今康定）、建昌（今西昌）、峨眉等地考察实习和摄影，被美丽的大自然所吸引，尤其陶醉于沿途农家的果园风光，遂萌发了栽种果树的想法。

他不仅采集了许多野生植物花卉标本，而且还带回一些桃子、梨儿、苹果等优良品种的树苗，植于华西大学校园。随后，与教务主任、外籍教师海布德出差省外，为生物系又带回成都没有的水蜜桃、黄桃、蟠桃等树苗，在校园试种。两三年后，桃树相继挂果，皮薄肉嫩、水分饱满、香甜爽口。

通过实践，晋希天逐渐对栽种水蜜桃产生了浓厚的兴趣，并开始涉足园艺研究。华西大学毕业后，晋希天留校，任外语系讲师，兼照相部主任。

1934年，晋希天在山泉乡大桥沟自家自留地里培育桃树苗数百株。

1936年，他从浙江奉化县和山东肥澄县引进水蜜桃枝条嫁接成功。据晋希天的侄儿晋守中记述，晋希天跟随华西大学校务长海布德（外籍）到外省购买教学仪器，顺便为生物系带回一些优良桃种。

这些桃种带回成都后，分了一些给外国教职员栽种，其余的全部用在加拿大人丁克生家里种植。其他人的都没栽植成功，只有丁克生家的成功了。

水蜜桃结果后，丁克生拿了4个桃子来找晋希天照相，给桃子正面照、侧面照、上边照、下边照，最后还把桃子掰开照。照完后，丁克生把桃子分给在场的人品尝。这桃，嫩嫩的皮，白白的肉，甜甜的味，汁水多得往下滴，吃起来爽口又化渣。

晋希天立刻想到自己家乡的土质适合种桃，想把这水蜜桃引种到家乡。他做了些前期准备工作：先在老家地里栽上母本桃苗，又让侄子晋能凯学习嫁接技术。

可是，丁克生的桃树枝条既不给人，也不卖给别人，剪下的枝条被他全部烧掉。晋希天的侄儿由于爱帮丁克生的门房李山武老大爷的忙，如帮他搬重一些的东西，送他回家等，两人变得越来越熟。李大爷得知晋希天想得到桃树枝条，就偷偷把丁克生剪下的藏了一些给晋希天的侄儿。

晋希天叔侄俩拿到这些桃树枝条，喜滋滋急匆匆回到家乡，将枝条嫁接到母本桃树上，并且一举成功！

1938年，嫁接的桃树开始挂果。为纪念水蜜桃嫁接成功，晋希天为是年诞生的侄儿取名良树，乳名果子，全家为此惬意极了。

通过几年果业种植，晋希天的果园产量和品质都没达到预期，他便找到因抗战内迁华西坝的金陵大学园艺系主任胡昌炽教授，邀请他专程到龙泉山家里来考察。胡教授是我国著名园艺学家、园艺教育家，倡导教学、科研、推广三位一体的思想，曾于二十世纪二三十年代在江浙调查桃树品种，选出"陈圃水蜜桃""陈圃蟠桃"等良种，并大量繁殖推广。

晋希天水蜜桃取得成绩，不仅得到胡教授的指导，而且还获得一个重要机遇。那就是他应胡教授之约，在自家自留地里扩大果树种植规模，由金陵大学投入资金、种子、技术，创办了"明明果园"，作为金陵大学的试验基地。

经晋希天改良后的龙泉驿水蜜桃

胡昌炽教授和黄勉教授常带本科生和研究生前来实习研究，晋希天从中获益匪浅，进步很大。他的"明明果园"还曾被作为南京金陵大学农学院（抗战时内迁）的实验基地，为培养园艺高级人才做出了贡献。

抗日战争时期，美国空军士兵在成都横行霸道，晋希天看在眼里恨在心头，对当时的社会产生不满情绪。

1941年，在胡教授的支持下，他毅然辞去了华西大学的工作，并说服妻子弃教，购买了许多有关水果栽培技术的书籍，夫妻俩回到大桥沟果园从事果树栽培。

从此，在龙泉山上，人们终日可见晋希天穿着粗布衣衫，戴着草帽，扛着锄头，拿着一把修剪果树枝条的大号剪刀，在果林里逡巡，仔细观察一棵树一条枝一个青果一片叶，像照看摇篮里的婴儿那般精心。他日出而作日落而息，面朝黄土背朝天，在果林中穿梭忙碌，不是浇水就是锄草，不是嫁接就是修枝打药。天长日久，一个白面书生变成地地道道的老农。他躬耕于土地，与土地融为一色。他是大地之子，龙泉山水蜜桃之父。

当年果园成林，收获水蜜桃350公斤，请人挑到成都香巷子出售，质优价廉，很受消费者的青睐。

当年桃花盛开之时，他邀请同学好友到自家果园赏花吟诗，这就是今天名满天下的"中国·成都国际桃花节"的雏形，也为后来龙泉驿以水蜜桃为主的水果产业打下了坚实的基础。

此后，他的果园进入丰产期。

许多人不知道他。知道他，就知道龙泉驿的桃花，桃花是龙泉驿的一张名片；知道龙泉驿的桃花，就知道桃花节、桃花经济、桃花文化，就知道建设在花蕊里的一座"国家级经济技术开发区"——中国西部最大的汽车城；知道桃花是龙泉驿老百姓发家致富奔上幸福生活的起点。

1995 年 3 月，龙泉驿区被命名为"中国水蜜桃之乡"

龙泉驿的桃花历史可以追溯到秦朝，而以种植水蜜桃闻名已有 80 多年，是全国三大水蜜桃基地之一，桃树种植面积达 17 万亩，1700 万株，品种百余个，年产量达 7000 万公斤，远销全国各地和海外， 1995 年被国务院正式命名为"中国水蜜桃之乡"。

桃花之根在中国，2000 多年的栽培历史，使每一块土地都浸染了桃花的芬芳。而龙泉驿的水蜜桃因为有了晋希天的深研精种，尤其甜美。

近年来，龙泉驿区积极传承晋希天的科研精神，加强"梦里桃乡"水蜜桃产业园建设，大力加强产业结构调整，推动水蜜桃品质升级，积极创建"龙泉驿水蜜桃"中国驰名商标。2019 年， "龙泉驿水蜜桃"荣登 2019 年中国品牌价值评价区域品牌（地理标志产品）百强榜。

桃花故里的有机水蜜桃生产基地

小平心愿已实现

1958年3月，中央在成都召开会议，内江地委向中央递交了一份《关于绿化龙泉山的报告》，并呈送给毛泽东主席阅示，毛主席批阅给时任中共中央总书记的邓小平同志落实。

会议期间，小平同志在四川省委书记李井泉的陪同下乘坐火车前往重庆考察。从成都出发后，一路上，李井泉就绿化龙泉山的详细情况向小平同志做了详细汇报，小平同志对龙泉山也比较熟悉，因为1950年他亲率第二野战军修建成渝铁路时，铺铁轨用的10多万根枕木就是来自龙泉山。当火车缓缓驶过洪安火车站附近时，小平同志伸出头远远地看着龙泉山，他见龙泉山光秃秃的，心情有些沉重，于是他立即向李井泉及四川省委作出指示："要把龙泉山变成花果山。"

"成都会议"结束后，为落实小平同志"要把龙泉山变成花果山"的指示，四川省委立即向内江地委发出了关于绿化龙泉山的指示。

当时内江地委、简阳县委成立了改造龙泉山的指挥部，指挥部就设在山泉铺，于是从那以后就掀起了改田改土、大种果树的高潮，山上山下遍种桃树，成为国家优质水果基地。

中华人民共和国成立后，晋希天的"明明果园"被收归国有，他被接收为简阳县国营园艺场技术员，担负园艺场地所辖的上元村、长松寺、金轮寺苗圃园、柏林果园以及苹果园等处的技术指导。晋希天经常深入果园，改良土壤，施肥、修枝、疏果、套袋等，保证了水果的正常生长。

为把龙泉山变成"花果山"，他把毕生的心血和汗水倾注在龙泉驿这片热土上，贡献了自己的全部智慧。

20 世纪 50 年代晋希天一家合影

一开始，他也纠结。自己辛辛苦苦学习摸索出来的一套技术，不说知识产权保护，就是"小我"与"大我"之间的经济利益的冲突，也是不可调和的。经过一番思想斗争，他从"小我"升华为"大我"，人格不断完善。慢慢地他不仅自己种植桃树，还带动乡亲发展水果生产，组织大家学技术，供应嫁接树苗。

为提高职工专业技术水平，晋希天每次业务学习时，都要结合本园实际，耐心地讲解和现场操作示范，对工作极端负责，表现很好。

平安乡晋伯章、长松乡赵国春、大兴乡江华山、山泉乡陈明月等人常到晋家果园学技术，后来他们也成为栽培果树能手。因此，龙泉驿山区周围几十里都有水蜜桃的种植，也有初具规模的果园，如龙泉镇长柏果园、燃灯果园等。果林成片，蔚为壮观。没多久，晋希天又陆续引进苍溪梨儿、洞庭枇杷、苹果等 30 多个优良品种，极大地丰富了果园的品种，他被称为"大善人"。

晋伯章的老伴陈大婶说："如今我家种水蜜桃全靠晋希天老师帮助，他

20 世纪 80 年代水果市场一角

送种苗又送技术。他说种桃树比种别的东西强，真是个热心人呀！"晋伯章也动员邻里栽桃树，后来，龙泉镇果林成片，蔚为壮观。特别是引进的梨儿、李子、枇杷、苹果等优良品种，为发展果园打下坚实的基础。

在晋希天科学种桃之前上千年的历史中，龙泉山的桃树一直处于野生状态，自生自灭，根本谈不上品质和产量。

过去龙泉山上的桃子品种主要是红花桃、白花桃，口味不佳，且虫害严重，"十桃九烂"。果子卖不出去，果农没有收入。"食心桃"，人们把这种虫桃戏称为"洗沙桃"（虫子把桃心吃了，桃内一包虫沙，犹如洗沙包子）。

实属无奈，政府只好号召大家吃"爱国桃"，其实是变相保护果农的利益，保护种桃人的积极性。

后来有了晋希天的科学种桃和他培养的果技人员代代努力，终于把"食心桃"的难题攻克了，才有今天汁多味甜高品质的龙泉驿水蜜桃。

1962年，他被评为龙泉驿区先进工作者，并作为技术专家到灌县、苏坡桥、多宝寺等园艺场传授果树栽培技术，为繁衍川西坝子果树做出了重大贡献，得到好评，被誉为"川西坝子种桃第一人"。

通过长时间的刻苦钻研、反复实践、总结经验，晋希天写了《龙泉山区果树栽培》一书，该书具有较高的理论价值和实践意义，不幸被毁于"文革"之中。

在"文革"中，晋希天虽被错误批斗，但是并没有挫伤他的敬业精神，他对工作仍然非常执着，一直扎根龙泉山，直到1977年病逝，再也没有回到城市里生活居住。

80年前，龙泉驿最早那片桃花是晋希天精心种植、选育、嫁接栽

桃花故里成为国家 4A 级风景区

培的。而今，每天平均有 6.88 万人次在龙泉驿各景区游览，每周平均新注册 249 家市场经营主体。仅桃花故里一年的游客就达 300 万人次。

晋希天毕生专研果技，不惜辞去大学教职，不断改良、不断提升水果品质，这种为了事业而执着追求的精神多么可敬可贵。

通过几代人的接力，龙泉山真正成了"四季花不断、八节佳果香"的"花果山"，20 世纪 80 年代被成都市命名"龙泉花果山风景区"，1987 年成都市又将龙泉花果山风景区评定为市级风景名胜区，2012 年"桃花故里"被国家旅游局评定为 4A 级风景区。

小平同志这个美好愿景，而今已变为现实。龙泉驿的桃花漫山遍野，灿然盛开，成为最著名的桃乡。

古驿桃花渊源长

话说 1990 年初，龙泉驿区在修建北干道时，在原平安乡红豆村发掘出一座秦人墓，墓群每处墓穴里都能找到几颗至十几颗不等的桃核。

桃核现保存在区博物馆内。

秦距今已 2000 多年了，这是龙泉驿区迄今为止最早的有比较完整实物证据的考古发现。

古人认为桃树为仙木，为百鬼所惧，桃核里面有仙木精魂，能辟邪驱煞，具有趋吉避凶功能。在 2000 多年前的秦国，人死后下葬时，也要在墓穴周围撒上几颗桃核，用于吸煞辟邪。

考古人员推断，当年秦人墓里的桃核产自本地，也就寻到了龙泉桃儿目前最老的根儿了。秦人墓的主人若看到今天的桃花盛景，不知做何感想，但他手中的桃核，不经意间却成为龙泉驿桃花又一美丽的注脚，这让人联想到唐初朱桃椎的桃符，宋代李流谦咏桃花，明代就有了以桃花命名的桃花寺（洛带宝胜村境内），今尚存大殿；近代晋希天种水蜜桃。事实证明，今天名满天下的成都国际桃花节，中国水蜜桃之乡，龙泉的桃文化一气呵成，绵延 2000 多年，得以发展壮大，令人叹为观止。

今逢盛世，成都"东进"、第 31 届世界大学生夏季运动会将在龙泉驿举办，新一轮发展机遇将助推龙泉驿更上一层楼。龙泉驿前途无量，前程似锦，未来可期。

桃花正红！

附：

晋希天的两个女儿都学有所成。大女儿晋良雨，成都工学院毕业，高级工程师，在四川化工厂、化工部第八设计院等单位从事专业技术工作 35 年，承担过近 40 个工程项目的设计，发表论文 10 多篇。二女儿晋良颖，曾任中国人民大学信息学院教授，从事教学与科研工作，有《数据结构》《信息处理概论》《数据处理概论》等著作留世。

宰相跨三朝　美食著宪章
——唐朝著名宰相，文人、美食家段文昌

　　唐朝持续时间近300年，共经历了20多位皇帝，任用的宰相将近400位，其中有一位宰相相当独特。

　　他以吃闻名，是典型的吃货，在所有的业余爱好中，他最大的爱好就是吃，而且他不光好吃，还会吃，吃出了经验、吃出了水平、吃出了理论，撰写了一本美食专著《邹平郡公食宪章》传世，并培养出了古代十大厨师之一的膳祖，膳祖就是他府上的厨娘。他为他家的厨房起名"炼珍堂"，如果出差在外，他就把馆驿厨房叫作"行珍馆"。

　　很多四川、陕西、湖北的名小吃，都是他发明的，并流传至今。

　　这位宰相是谁呢？他就是历史上的翰林学士、唐朝后期名臣、

唐朝著名宰相，文人、美食家段文昌画像

政治家、著名文人、诗人、美食家，经历唐宪宗、唐穆宗、唐文宗三朝的宰相段文昌。

他著有文集 30 卷，《诏诰》20 卷，既能出入庙堂治国理政，又能下厨烹制美食，可谓独一无二。

老子《道德经》第六十章中云："治大国者，若烹小鲜。"段文昌是深知其中三昧的。

身世显赫　　年少曲折

段文昌（773—835 年），字墨卿（景初），山西西河（现汾阳）人，他的曾祖父是唐初名将褒国公、右卫大将军段志玄，曾跟随在李渊身边，是第一代大唐的开拓者；祖父段德皎，一直在李世民麾下任职，后在林彦阁位列前十，追赠给事中；父亲段谔，官至循州刺史，追赠左仆射；妻子武氏是武则天侄孙、唐朝第一美男子武元衡之女，武元衡也是一位惊才艳艳的宰相，身为他的女儿，武氏自然是人中龙凤，长得娇美。除了祖辈几代都是高官、美丽高贵的妻子和宰相岳父，段文昌还有个聪慧俊秀的儿子段成式，历任校书郎、尚书郎、江州刺史，著有《酉阳杂俎》，是唐朝著名的志怪小说家；其孙子段安节是音乐家。

这样的身世为他好美食华服奠定了物质基础。

据《旧唐书》记载，段文昌做官显达后就开始放飞自我。"其服饰玩好、歌童妓女，苟悦于心，无所爱惜。"富家子习性表露无遗。

那他从小就这样生活奢侈吗？非也。官宦之后往往大起大落，少不了几多磨难。

段文昌少年时代家境很贫寒，所以在他后来做了宰相"衣锦还乡"时，乡人有"昔日骑驴学忍饥"的话讥讽他，说明他当年也曾如此的贫困潦倒。据《唐诗纪事》卷五十赠段文昌记载："昔日骑驴学忍饥，今朝忽着锦衣归。等闲画虎驱红旆，可畏登龙入紫微。富贵不由翁祖解，文章生得羽毛飞。广都再去应惆怅，犹有江边旧钓矶。"

还有一件"先吃饭，后敲钟"的尴尬事发生在段文昌贫窭之时。据贵平孙光宪《北梦琐言》记载："唐段相文昌，少以贫窭修进，常患口食不给，每昕曾口寺斋钟动，辄诣谒飧，为寺僧所厌，自此乃斋后扣钟，冀其晚届而不逮食也。后人登台座，连出大镇，拜荆南节度，有诗题曾口寺云：'曾遇阇黎饭后钟。'盖为此也。富贵后，打金莲花盆盛水濯足。徐相商致书规之，邹平曰：'人生几何，要酬平生不足也。'"连进寺庙混吃不要钱的斋饭，寺僧都要戏谑他，来个"先吃饭后敲钟"。

五代时期的政治家刘昫对段文昌的评价记载有："文昌布素之时，所向不偶。"

少年段文昌，何以竟落寞到如此地步？

那是因为文昌之父段谔于循州任上被免，后回四川旧居。他跟随父亲卖油为生，过着艰难而贫苦的生活。

最初，段文昌的仕途也有一些波折，他的岳父大人武元衡与宰相韦贯之有矛盾，唐宪宗几次想启用段文昌，都受到韦贯之诋毁干扰而不成。后来韦贯之被罢职后，段文昌才开始得到提拔，先后担任过翰林学士、祠部郎中兼学士、中书侍郎、平章事、西川节度使、同中书门下平章事（宰相）、刑部尚书、兵部尚书、御史大夫、淮南节度使、荆南节度使、剑南西川节度使（剑南西川简称西川，主要指四川中西部，治所益州，今成都）。

公元 801 年，段文昌入蜀，得到唐朝名臣韦皋的赏识，被其征辟为幕僚，授校书郎（官名，从九品，主要从事文章校对和专门典校藏书工作），后任灵池县（今成都市龙泉驿区）县尉。

唐朝规定，校书郎的职位必须是进士出身，门槛很高，很多无才之人皆不能胜任，白居易、王昌龄、李商隐、杜牧等一干人都是从这一职位做起的，可见段文昌必是才华出众之人。而且他性格疏爽豪放、不拘小节、为人仗义，《旧唐书》就曾记载他"倜傥有气义"。

如果不出意外，他应该能一步步地升职加薪。不过他在为政上并没有过于耀眼的表现，所以史书卜着墨不多，反而是他的私生活倒是有很多得以青史留名。

自从他做了灵池县县尉后，仕途开始顺畅，连连晋升，历任登封县尉、集贤校理、监察御史、补阙、祠部员外郎、翰林学士、祠部郎中。唐穆宗继位以后，段文昌便登上了宰相之位。

段文昌在四川当官，以宽政为治，严静有断，使四川人包括少数民族即古时谓之的"蛮夷"也都敬服他。他经历四朝，跨三朝为相，成就了一段传奇。

仕途起点　灵池县尉

唐顺宗永贞元年（805 年），段文昌来到灵池县担任县尉。

县尉是唐代县级政府中的重要官员。对于其职掌，《唐六典·三府都护州县官吏》记载："亲理庶务，分判众曹，割断追催，收率课调。"

唐代县级政府行政机构中，县令是长官，负责统筹全县之政务；县丞是副长官，辅佐县令行政；主簿是勾检官，负责勾检文书，监督县政；而具体负责执行办事的就是县尉。其职掌包括行政、司法、财政等各个方面，是具体负责庶务的官员，相当于现在的常务副区（市县）长和副区长兼公安局局长所管事务。

段文昌是龙泉驿历史上从本地基层官职做起，一步步升至朝廷做宰相的成功典范，他做宰相20多年，深受皇上恩宠和百姓爱戴，是龙泉驿历史上最著名的人物之一。

在灵池县任职期间，他为人豁达豪爽，治政宽容，深受灵池县百姓敬服。因他信仰佛教，熟念《金刚经》，曾到洛带圣母院（燃灯寺）一游，并手植四株松树。他的生平事迹在"二十五史"的《新唐书》《旧唐书》中都有记述。洛带镇东边的三峨山（瑞应山，燃灯寺所处之山。燃灯寺又名瑞应寺，原省交干校处），也有记述段文昌种松的石刻。

据石刻记载："乾坤毁则无以见寺，寺不可毁。四松其远乎，松至天福"。悟达国师（809—882年）后慕其名，来驻锡过一段时间，并将圣母祠名称改为圣母院。

段文昌在灵池县和荆南做县尉时，还发生过一些奇异的故事，被其子段成式记录了下来。

唐德宗贞元十七年(801年)，段文昌响应传说是诸葛亮转世的韦皋征召，自荆入蜀。但当时已经是韦皋暮年，因受逆贼刘辟谗害构陷，段文昌被下派到灵池县做个小小的县尉。韦皋很快就去世了，由刘辟代行节度使之职。段文昌原来就与刘辟不合，闻此消息后，连夜离开灵池县，到成都的城东门，想去探个究竟。

刘辟为稳定政局，很快发出令帖，不允许诸县官员离开任职的县，否则重处。当天下午阴风阵阵，返县之程很是不便，但若不返回灵池县，被查出擅离职守，正好被刘辟利用来问罪。

当他出城二里，正在黑暗之中艰难行走之时，突然见两支火炬夹道百步在前引路。他开初还认为是县吏来迎候，责怪他们不靠前一点，但高下远近正好方便行路，却始终看不见人，这火将要到灵池县城时才灭，等到了县衙问县吏，他们尚不知那不许县官离县的府帖，也不曾派人去成都府接应。

当时的段文昌念《金刚经》已五六午，没有空缺一天。的确是诚心感动神灵护佑，先前帮助段文昌导路的火炬，就是诚心念经后得到的感应。也许是他心里担惊受怕过度，出现了精神恍惚。

后来刘辟叛逆的行为渐渐败露，朝廷下诏以袁滋为节度使来取代刘辟。在此期间，段文昌的一位远亲，年少时就从了军，掌管左营事，害怕刘辟的事牵连到自己，就与监军定计以蜡丸帛书通谋于袁滋，但事情很快被刘辟发觉，两人一起被害。刘辟进而还在一段时间里怀疑段文昌也知道并参与此事，让段文昌很是紧张。

当时段文昌每天坚持念《金刚经》，夜深了也不觉得困倦。有一晚，门户悉闭，正待睡觉，忽然感觉听到了有人开户而入，说"不用怕、不用怕"，那声音就跟有东西扔案几上一般，嚗然有声。段文昌惊起之际，言犹在耳，顾视左右，吏仆皆睡。于是又手持蜡烛四处寻找那声音的来源，开初并无发现，后来看到原来关好的门闩已打开了，始信并非梦境。

坚信天网恢恢，邪不压正。受此激励，段文昌安心度过了那段黑暗的日子。刘辟被诛后，他还平步青云，返回京城登上了宰相之位。

后来段文昌由灵池县转到荆南县任县尉，在当地，他拥有很高的声望，说起来还有些神幻呢！段文昌是当地的"幸运神"。段文昌在荆南担任节度使，如果荆南地区发生了大旱，只要段文昌一祈祷就会降雨；反之，如果很长一段时间都在下雨，只要段文昌一出门，老天爷铁定赏脸给个大晴天，你说神不神？久而久之，当地百姓就编了一句谚语："旱不苦，祷而雨；雨不愁，公出游。"段文昌可不就是荆南人民心中的神！

有成就的段文昌，一生经历也颇为传奇，这只是其中一个普通的例子而已。现在看来，未免太过离奇，仅作故事看罢了。

情系西川　几度入蜀

文昌约 8 岁，随父段谔入川，到荣州生活。据《新表五下》记载："谔，荣州刺史。"荣州，唐武德元年（618 年）置，治公井县（今四川自贡市西十里贡井）。武德六年（623 年）移治大牢县（今四川荣县西）。昌州，唐乾元二年（758 年）正月始设，下辖昌元（今荣昌县南部）、静南（今荣昌县北部）、大足三县，治昌元。

约 12 岁，文昌父亲到广东循州（今惠州）任刺史，他跟随父亲到广东循州生活。《旧唐书》段文昌传记载有："父谔，循州刺史。"

约 13 岁，父亲段谔在广东循州刺史任上被贬，文昌随父亲回四川广都（今双流区）居住，以卖油为生，过着一段贫困的生活。后来回到荆州老家生活。

26 岁，文昌应剑南西川节度使韦皋之邀，由荆州入蜀，初授校书郎，继而担任成都馆驿巡官，后来因与同僚刘辟不和，被其进谗言贬为灵池县尉。

32 岁，文昌自灵池去官。据段成式记载："剑南西川节度使韦皋卒，行军司马刘辟自称留后。先君（段文昌）旧与辟不合，闻之，连夜离县。"

33 岁，唐宪宗派遣高崇文、严砺讨伐刘辟，九月攻占成都，擒获刘辟并斩于长安，文昌得以恢复原职。据《中朝故事》记载："高崇文收复剑南，召居旧职。文昌再三谢之，崇文曰：'君非久在卑位也。'指己座下椅子谓之曰：'此椅子犹不足与君坐。'遽请归阙。"

34 岁，段文昌离西川到长安，从此开启了不断晋升的人生。

49 岁，段文昌任西川节度使期间，云南入寇，黔中观察使崔元略上言，朝廷忧之，乃诏文昌御备。文昌走一介之使以喻之，蛮寇即退。

51 岁，段文昌又从西川回到长安，任刑部尚书左丞事。据《旧唐书·段文昌传》记载："敬宗即位，徵拜刑部，转兵部，兼判左丞事。"可知段文昌于本年由蜀被徵入京，全家偕行。

太和六年（832 年），59 岁的段文昌再领全蜀，这是他第三次也是最后一次为剑南西川节度使。他的前任西川节度使李德裕调任回长安，为兵部尚书。《通鉴》谓："（太和）六年冬十一月乙卯，以荆南节度使段文昌为西川节度使。"段文昌于太和七年正月五日所撰之《修仙都观记》也说："去年冬十一月，诏命换麾幢，再领全蜀。"

无缘薛涛　题铭悼念

薛涛，唐代著名的才女、四大女诗人之一，蜀中四大才女之一。14岁时，随被贬父亲薛郧从繁华的京城长安搬到了遥远的成都。父亲去世后，她凭借"容姿既丽"和"通音律，善辩慧，工诗赋"，16岁时加入乐籍，与西川节度使韦皋、诗人元稹有过恋情，后来被元稹抛弃，万念俱灰遁入佛门，孤单地走完了余生。

话说贞元七年（801年），韦皋招募贤能之士，29岁的段文昌由荆入蜀进入韦皋幕府，与经常出入幕府的薛涛相识。段文昌长得风流倜傥，英姿飒爽，而且才华出众，负才傲物。

段文昌进入幕府之后，与薛涛并称为"西川笔里金童玉女"。薛涛是唐朝第一才女，创作无数，满腹才华。西川节度使府的公文大多数都是韦皋授意，段文昌草拟，薛涛润色，最后由韦皋定稿。

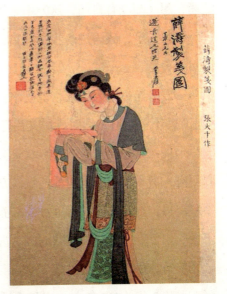

薛涛画像

时间一长，段文昌和薛涛有了默契，眼神一对，心意互通，钦慕在无声之中传递。此时的薛涛经过多年在韦府的打磨，已经修炼成为一位特别有魔力的职场女性。她前知历史，后能赋诗，经历过人生起伏，也识得了人情冷暖，姿容瑰丽，见地不凡。

薛涛知道或许他们之间情感

可以开花，但定不能结果。段文昌年纪与自己相当，又是青年才俊，彼此心动也是情不自禁。可韦皋一代枭雄：霸道又狠厉，早已把自己看成是他的私有物，又怎会允许自己离开呢？所以，当段文昌表明心意时，薛涛为了他的前途和自己的处境只能拒绝。

段文昌内心失落，但是感情不是水龙头里的水可以说收就收。眉眼间的感情，早已被有心人发现，这个有心人就是韦皋的心腹刘辟。韦皋听信刘辟谗言挑拨，半公半私地把段文昌贬到了灵池县。

段文昌临走之前，薛涛劝他两人之间没有可能，大丈夫存于天地之间，当用至贤之书理，尽己之所能定国安邦。切莫耽搁于儿女私情，以君之才能，定能大展宏图，前途无量。

段文昌被贬灵池县，薛涛内心悲凉又迷茫，五味杂陈的薛涛看着孔雀池里的蓝孔雀，不禁思绪万千，它妖媚而忧郁，矜持而警觉，心荡而眩迷，想飞却没有自由，这笼中之鸟好似自己。

经此一事，薛涛进一步了解自己的处境，想起自己的《十离诗》，惨然一笑。

一方诸侯，定人生死，况已乎？罢！罢！罢！韦皋对自己不错，看眼前吧！不曾想再见面时，段文昌已经娶妻。

永贞元年（805 年），韦皋突然逝世，刘辟拥兵自重，犯上作乱。原旧府人员不肯归顺刘辟的，统统都被清理，段文昌也在其中。薛涛念韦皋旧恩，不肯屈服，再度被发配到松州。直至高崇文率军攻克西川后出任西川节度使，在被召回的段文昌建议下，才召回薛涛。此时段文昌已经结婚，两人遗憾错过。

太和六年（832 年），文昌来蜀再领西川节度使，驻镇不久，遇薛

成都望江楼公园里的薛涛塑像

涛去世。刘禹锡、李德裕均有诗悼念。段、薛二人本是诗坛知音，前几次镇蜀，诗酒唱酬很频繁，交谊笃厚。这次恰遇女诗人仙逝，段文昌为其撰写墓志铭，理当责无旁贷。其铭曰：西川女校书薛涛洪度之墓。薛涛墓位于成都东郊（今成都望江楼公园）。

累职拜相　　出居藩镇

元和元年（806 年），朝廷因西川节度副使刘辟讨要节度使之位，命大将高崇文征讨西川。高崇文攻入成都，将刘辟槛送长安，并向朝廷推荐房式、韦乾度等归降的西川参佐。段文昌也在归降官员之中，虽受高崇文重视，但并未得到举荐。

段文昌宰相画像

元和二年（807 年），李吉甫拜相。段文昌曾在李吉甫担任忠州刺史时前往拜谒，因此得到提拔，被擢升为登封县尉、集贤校理，后历任监察御史、补阙、祠部员外郎。后来，唐宪宗欲授段文昌为翰林学士，但被宰相韦贯之阻挠。元和十一年（816 年），韦贯之罢相。段文昌得授翰林学士，并升任祠部郎中，获赐绯色官衣。

元和十二年（817 年），宰相裴度平定淮西之乱，刑部侍郎韩愈奉诏撰写《平淮西碑》，大力歌颂裴度的功勋。李愬在平乱时功居第一，在碑文中却甚少提及，因此愤愤不平，其妻韦氏向皇帝申诉，称碑文内容不实。唐宪宗遂命人将韩愈的碑文磨去，让段文昌重新撰写。元和十四年（819 年），段文昌又加知制诰。

元和十五年（820 年），唐穆宗继位。段文昌被召入思政殿，以备顾问，不久便被拜为宰相，授为中书侍郎、同中书门下平章事。

长庆元年（821 年），段文昌上疏，请辞相位。唐穆宗遂任命段文昌为西川节度使、同中书门下平章事。西川就是如今的四川西南地区，在当时的时代下是一块比较难管制的地方，因为蛮夷众多，他们时不时地就会过来骚扰川内百姓。

长庆二年（822 年），云南蛮族侵入黔中。朝廷接到黔中观察使崔元略的奏疏，非常担忧，诏命段文昌严加防备。

段文昌素知蜀地民情，到任后虽治政宽仁，但却法纪严明，不仅蜀地百姓人人敬畏，就连蛮夷之人也对他分外客气臣服。

段文昌派使者前往谈判，蛮族退兵而去。

长庆四年（824 年），唐敬宗继位。段文昌被征拜为刑部尚书，后改任兵部尚书，并代理尚书左丞。

宝历二年（826 年），唐文宗继位。段文昌升任御史大夫，进封邹平郡公，后又出镇淮南，授检校尚书右仆射、同平章事、淮南节度使。太和四年（830 年），唐文宗调段文昌为荆南节度使，改授检校左仆射。太和六年（832 年），段文昌再次出任西川节度使。

痴迷美食　终成一家

段文昌当上宰相的第二年，便向皇帝递上了辞呈，请求辞掉宰相职位。唐穆宗也不好勉强他，惜才之余，还是将他封为了西川节度使、同中书门下平章事。

其实，文昌内心有一个向往，那就是一心一意研究美食，想做全职美食家，美食对他的吸引力盖过了宰相的魅力。但他又不能明说这个心愿，辞职不成，只好继续履职。

有人认为他应该"政务繁忙"才对，怎么都有"不务正业"之嫌。但这也和当时的时代背景有关，他当时处于晚唐，大唐的开国盛世早已不在，段文昌就是有济世之心，也已经无力回天了。

今人爱称自己是"吃货"，言辞中有调侃炫耀之意。但成为一枚合格"吃货"，却并非易事。古往今来，爱吃的文人数不胜数，却很少有吃出水平的。在美食方面的深研，大概只有苏东坡能跟段文昌媲美了。

苏东坡既是著名的文人学者，也是著名的美食家。相传与苏东坡有直接关系的名馔不少，用他名字命名的菜肴更多。如"东坡肘子""东坡鱼""东坡肉""东坡豆腐""东坡芽脍""东坡墨鲤""东坡饼""东坡酥"等等。他还专门写了《猪肉颂》："净洗铛，少着水，柴头罨烟焰不起。待他自熟莫催他，火候足时他自美。"

段文昌这位宰相是个不折不扣的美食家，他平时最大的兴趣爱好就是品尝各类美食，同时研究美食文化和烹调手段。据说，成都的很多名小吃就是由他和他的女婢潜心研究创造出来的，至今有的已经失传了，有的被后人发扬光大，名称大都有了变化。现在流行北方的名小吃如油旋、盘丝饼、金线油塔等等，据说是段文昌最先发明的。

话说唐穆宗年间，段文昌回老家省亲，当他宴请亲朋好友时，厨师做了许多菜，其中有一道形如发梳，称之为"梳子肉"，块大肉肥，一看就使人腻得慌，几乎无人食用。宴罢，段文昌找到做这个菜的厨师，给他提出了改进的技法。他让厨师将肥肉换成猪的五花肋条肉，将炸胡椒换成黑豆豉，并增加葱和姜等佐料，然后段文昌亲自操刀做示范。数日后，段文昌要离别家乡，再次宴请乡亲，厨师照他的指点重做了"梳子肉"。此菜色泽金黄，肉质松软，味道鲜香，肥而不腻，与上次的"梳子肉"大相径庭，一端上桌，客人们便争相品尝，不一会儿就被吃光了。人们纷纷问道，这是道什么菜？段文昌见此菜肉薄如纸，便随口取了个

段文昌发明的美食千张肉

名字："千张肉"（四川、重庆地区称为烧白）。于是，这道菜便渐渐走进了千家万户的餐桌和大小饭店，并经专业人员不断加以改进，一直流传至今。千张肉是传统筵席上的"三大碗"之一，可想而知这道菜的地位。

　　他的女婢就是聪明智慧的膳祖。膳祖是段文昌的家厨，她对美食的选料、加工、制作及滋味调配，火候文武，非常精通，具有独特本领。她能够根据北方气候和饮食习惯，特将北方的熏制方法与南方卤味特色相结合，做出美味的食材，无不得心应手，颇有造诣。她作为一名女厨师，烹调技艺原本精湛，又得段文昌的调教，如虎添翼，身手更加不凡。

　　膳祖不但厨艺技术非常了得，还是一位管理家、教育家，是厨师行业中不可多得的人才，是创造美食的艺术家。"膳祖"并非她的真名字，只因地位高，被尊为"膳"食之"祖"，成就了千古事业。

　　在段府 40 年间，这位女厨师长从 100 名女婢中只选中 9 名传艺，成就了段文昌传世的《食经》五十卷，时称《邹平郡公食宪章》。

　　段文昌府中厨房题额叫"炼珍堂"，出差在外，住在馆驿，厨房便叫"行珍馆"。主持"炼珍堂"和"行珍馆"日常工作的就是膳祖。她烹制的名食，后来大多记载在段文昌之子段成式编的《酉阳杂俎》中，书中很大一部分家菜也是膳祖所创。书中的"酒食"部分，内容主要是记述南北朝及唐代的饮食掌故，还载有100多种食品原料、调料及酒类、菜肴的名称，并且辑录《食经》等已遗失部分所记载的菜点做法。段成式同样被世人誉为美食家。

段文昌曾在龙泉驿任职居住12年，上行下效之故，那时候，龙泉驿厨艺之昌盛，成了远近闻名的"美食之乡"。

太和九年（835年），唐文宗派了宦官到西川赏赐段文昌春衣，不知是不是兴奋过度，宦官刚念完圣旨，把圣旨交给了段文昌，他人就倒下，死了！

此时，段文昌年仅63岁，唐文宗听闻他的死讯后大为震惊，将段文昌追赠为太尉。

唐代宰相众多，如段文昌这般无疾而终的却再也找不出第二个了。

关于段文昌的猝死，私以为，可能是他长期酷爱大鱼大肉厚味美食，造成"三高"，患上心脑血管疾病之故。

家风传承　　儿孙成才

段文昌不仅是唐朝名臣、政治家和美食家，而且还是著名的文人、诗人，历史上留下他很多文化遗产。《全唐文》收录其文章共4篇：《修仙都观记》《菩提寺置立记》《诸葛武侯庙古柏文》《平淮西碑》，《全唐诗》收录其诗作4首：《享太庙乐章》《题武担寺西台》《晚夏登张仪楼呈院中诸公》《还别业寻龙华山寺广宣上人》。

段文昌出生高贵，从小就受到家庭文化的熏陶，而且还跟随从政的

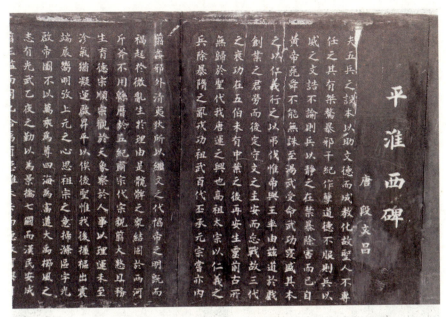

段文昌文集《平淮西碑》

父亲走南闯北，长期受到父亲的耳濡目染，才华横溢，见识颇丰，对后代的教育和影响很深，他的子孙大多都很有建树，特别是儿子段成式遗传了他的文学基因，成为唐代著名的志怪小说家；孙子段安节则成为唐代著名的音乐家。

儿子段成式创作中国版《灰姑娘》，比外国早 800 年

段成式，字柯古，段文昌之子，约生于 803 年，卒于 863 年。

段成式工诗，有文名，在诗坛上，与李商隐、温庭筠齐名，号称"三才"。

段成式年轻时随父亲段文昌转徙各地，了解各地风土人情、轶闻趣事，开拓了生活视野，加之他精研苦学，博览了包括官府秘籍在内的大

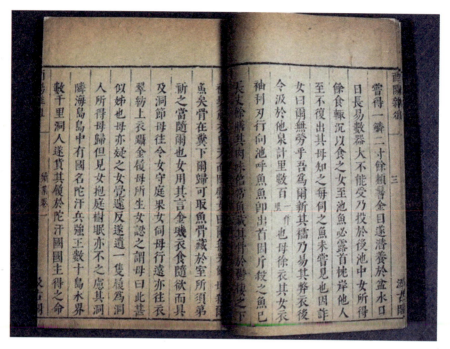

段成式志怪小说集《酉阳杂俎》

量图书。在唐代晚期文学家中，段成式的文学成就是多方面的。他能诗善文，除代表作志怪小说集《酉阳杂俎》传于后世外，《全唐诗》收入他的诗词30多首，《全唐文》收入他的文章11篇。

现存段成式的诗，多是绝句和律诗，十分讲究词采的艳丽，风格清丽秀美，如《汉宫词二首》：歌舞初承恩宠时，六宫学妾画蛾眉。君王厌世妾白头，闻唱歌声却泪垂。二八能歌得进名，人言选入便光荣。岂知妃后多娇妒，不许君前唱一声。

段成式的文学成就主要不在诗歌，而是体现在所著代表作《酉阳杂俎》之中，被《新唐书·艺文志》列入小说家类。该书内容广博，历来受到人们的重视，学者多所征引。这部书内容繁杂，有自然现象、文籍典故、社会民情、地产资源、草木虫鱼、方术医药、佛家故事、中外文化、物产交流等等，可以说五花八门，包罗万象，具有很高的史料价值。其中，诸如李白让高力士脱靴、王勃写文章蒙在被里打腹稿等故事，脍炙人口，流传很广。从中国小说史的角度来看，这部书最有价值的部分是志怪小说。鲁迅对此曾予以高度评价，认为这部书与唐代的传奇小说"并驱争先"。后人蒲松龄的《聊斋志异》就是对这种文体的继承和发展，应该说这部书是一部上承六朝、下启宋明以及清初志怪小说的重要著作。

段成式颇有记者的职业素养和新闻触觉，善于从生活中挖掘各种新闻素材，人们封他为"大唐第一记者"。

关于段成式，他还有一个有趣的故事，他创作的中国版"灰姑娘"《叶限》收录在《酉阳杂俎》的第二卷中。这个中国唐代文学"灰姑娘"的故事，比西方灰姑娘的最早文字版本——法国文学家夏尔·佩罗1697年根据民间传说改写的《灰姑娘》早了800多年。

孙子段安节是音乐家

段安节（生卒年不详），齐州临淄（今山东淄博）人，宰相段文昌之孙，太常少卿段成式之子，温庭筠之婿也。官至朝仪大夫，守国子司业，善音律，能自度曲，述乐府之法甚悉。他是唐代著名的音乐理论家，所撰《乐府杂录》一书，记述了唐代以前的音乐情况，对后世影响很大。

《乐府杂录》成书于唐代乾宁元年（894年）以前，这时候距离唐朝灭亡只有12年，此书就是在这段时间内写成的。其中的"乐府"二字，并非指汉代乐府民歌，在这里，是广泛地包括了唐代中叶以后的音乐、歌舞、杂戏、技艺等，即古代的乐舞百戏等杂艺。书中首列关于乐部九条、乐器十四条，乐曲十三条，大多是有关音乐源流方面的考证，其中也兼谈到一些演奏者的姓氏和逸闻轶事。最后是《别乐识五音轮二十八调图》，这是唐代所用的乐律宫调。可惜，流传到今天的本子已经有文无图，难以窥见其全貌了。

与雅乐相比较，唐朝宫廷中当时所采用的所谓"俗乐"，盛行于开元、天宝时代。

天宝年间，安禄山叛乱之后，这些俗乐虽然大多丧失了，但在民间仍然继续流行着，而且不断地丰富和发展。因此，在唐朝中叶以后，俗乐仍然大量地供给宫廷方面吸收。段安节《乐府杂录》一书所记载的，除了少数属于太常乐外，其余大部分都是俗乐，这是段安节所撰《乐府杂录》一书的突出贡献。此书所记载的这些材料，可以补《教坊记》一书所记的不足。由于受西域各民族音乐的影响，唐代的俗乐，采用了弦乐器琵琶来定律，这样一来，在音律方面便有了很大的发展。

在这之前，史书上所记载的关于琵琶的定律还很不详细，而《乐府杂录》末尾所附的《别乐识五音轮二十八调图》，却给我们留下了很重要的资料。后来研究燕乐的各家，大多据此为主要的资料，考索发挥，使燕乐研究成为一项专门的学科。

隐居龙泉山　声名震朝野
——隋唐著名隐士，文人、医学传人朱桃椎

　　唐代初年，在苍翠欲滴的龙泉山麓，住着一位著名的隐士，他淡泊名利，回归山野，过着与世无争的隐居生活。

　　历史上，儒家将他视作"穷则独善其身"的隐士加以崇敬，道家因他修道成仙将他视作真人加以供奉，民间百姓把他当作神仙祭拜。

　　他还是唐代知名的文人，著有《茅茨赋》等绝世佳作，流芳百世。

　　他是有名的医术传人，我国辟谷和炼内丹的祖师，他的传承人皇甫坦为宋韦皇后医治好眼疾而惊动朝廷，宋高宗皇帝特下旨为其修建祠堂并赐名"安静观"。

　　他的事迹在唐、宋、明、清

隋唐著名隐士，文人、医学传人朱桃椎

直至民国历代传颂，曾一度达到四川全境"每个县都有朱真人祠，每家人都有朱真人像"的地步。

他，就是著名隐士，文人、医学传人朱桃椎。

隐居山林　　亦真亦幻

隋朝末年，朝廷上下腐朽没落，民生凋零，农民运动风起云涌，社会日渐混乱。朱桃椎生性淡泊名利，看不惯官场上的追功逐利、尔虞我诈和人世间的凡世习俗，主动辞职返乡，回家归隐。

武德元年（618年），朱桃椎回到四川益州（成都）后，开始寻找他的隐居场所。

一天，他着白衣袍袖，牵着马，遥望栋平山（龙泉山），见风烟起处，山水相依，山高林密，层峦叠翠，认为这里就是自己的理想归宿，于是他来到山脚河谷旁，开始了他的隐居生活。

朱桃椎故里（原龙泉驿区医院）前的黄楠树

朱桃椎隐居后，当时住在其老家益州蜀县（华阳县）白毛女村，即原龙泉驿区第一人民医院食堂一带。据雍正七年版《四川通志》记载："朱桃椎故里，在州西灵泉故县东一里，今为安静院。"

后来，他厌倦了村里的

俗世生活，从村里搬到山上独居，迁至栋平山白马溪（驿马河上游柏杨沟）旁的大盘石山，即仰天窝北侧的老石场，此处原有巨型的整块山石。这里的环境非常优美，大石像冰一样洁白，像水一样平整，大石上可以坐 10 来个人，旁边还有颗参天大树，树枝在微风下缓缓下垂，飘逸在大石上，即使到了炽热的夏天，这里依然凉爽如秋。

朱桃椎归隐初期，靠编织草鞋为生，他卖草鞋时，常将织好的草鞋放在路边，当地人都知道是朱桃椎所织，他们便将米、茶叶等生活必需品放在原处，然后取走草鞋，完全随人自取，财物的得失多寡，他完全不放在心上。五代时期编撰的《旧唐书》卷六十五列传第十五"高士廉"条目下记载有："蜀人朱桃椎者，澹泊为事，隐居不仕，披裘带索，沈浮人间……每为芒履置之于路，人见之者曰：朱居士之履也。为酬米置于本处。"

朱桃椎隐居前是饱学之士，许多好学之士也前来与之交往，他也常有高见来满足他们的询问，这使其声名远扬。唐代窦轨在益州做长官时，听说他的事迹后，便让人将他请来，询问他的生活状况，送给他鹿皮头巾、麂靴等高档物品，礼请其出任乡里的里正（相当于现在的乡长）。朱桃椎坚决不从，他将赠送的物品弃之于地，逃入山中坚持修道。《旧唐书》记载有："窦轨之镇益州也，闻而召见，遗以衣服，逼为乡正。桃椎口竟无言，弃衣于地，逃入山中。"

朱桃椎也曾主动出门找人，但是出去是劝人不当官，改做隐士。唐朝初年，名臣高士廉任益州大都府长史期间，他曾备礼亲自来请朱桃椎，并降低身份与其交谈，岂料朱桃椎竟不说一个字，只是瞪着高士廉看了一会儿，便转身离去。高士廉知道了朱桃椎想表达的意思，对他拜谢道：

"祭酒，其使我以无事治蜀耶！"从此高士廉在为政方面"简条目，薄赋敛"，结果"益州大治"。高士廉每每谈到朱桃椎都大加赞扬，称他为奇世异人。随后，高士廉又多次遣使看望他，然而朱桃椎每次见到使者，均躲入林中，有意避开世间之事，以专心修道。蜀人都以出了个朱桃椎这样的人而感到自豪。

朱桃椎为彭山县令薛稷作《茅茨赋》并送给他后，薛稷结束任期回京城前，专程到他的住处拜谒他，可惜已找不到他了。薛稷到乡里去寻访，乡里人说朱桃椎有时出来，有时静居，有时隐藏起来，有时又会现身，显然已是修道有所成就了。薛稷便在其居所的石壁上题下"先生知足，离居盘桓，口无二价，日惟一餐。筑土为室，卷叶为冠，斫轮之妙，齐扁同观"的赞叹之词而返。后来，这个评价还用在了其画作《朱隐士图赞》上。

朱桃椎隐居后，人们很少见到他，相传朱桃椎本人"扶危、药伤、恤窘，奔乏汲汲"，成都以及蜀中陆续出现很多朱桃椎显迹救人济世的事迹。乡人偶尔也能见到朱公，但不知他住在哪里，他以前所隐之石，现在亦看不见了，旁边的巨木之下，只有石洞还存在，而且石洞经长年累月的风吹雨蚀，亦有一些闭塞了，后来有热心人把朱桃椎的生平事迹刻在一块圆顶的石碑上，立于洞门古驿道的旁边，供奉祈请祷祝者焚香求福，颇为灵验。于是，本地人开始将之视为神人供奉加以朝拜，并不断修建朱桃椎原居所。

朱桃椎隐居以编织草鞋为生，偶尔也赐教好学之士，显示他不辞劳苦、坚持躬耕的生活境界，但又超出了一般士大夫鄙视劳动、轻贱自食其力的思想意识，让他在符合传统道家讲究清静无为、清心寡欲节操的同时，又因学养俱佳而具有从容表达、一语道破的睿智，闪烁着独特的人格光芒。

满腹经纶　著《茅茨赋》

初唐四大书法家之一的薛稷出任彭山县令时，朱桃椎听说其苦苦追求仕途，劝说其不要执迷于官场，同时也将自己的生活境遇表现出来，作了这篇千古流芳的绝世佳作《茅茨赋》。

茅茨赋

若夫虚寂之士，不以世务为荣。隐遁之流，乃以闲居为乐。故孔子达士仍遭桀溺之讥，叔夜高人乃被孙登之笑。况复寻山玩水，散志娱神，隐卧茅茨之间，志想青云之外。逸世上之无为，亦处物之高致。

若乃睹兹庵室，终诸陋质，野外孤标，山旁迥出，壁则崩剥而通风，檐则摧颓而写日。是故闲居晚思，景媚青春，逃斯涧谷，委此心神。削野藜而作杖，卷竹叶而为巾。不以声名为贵，不以珠玉为珍，风前引啸，月下高眠。庭惟三径，琴置一弦，散诞池台之上，逍遥岩谷之间。逍遥兮、无所托，志意兮、还自乐。枕明月而弹琴，对清风而缓酌。望岭上之青松，听云间之白鹤。用山水而为心，玩琴书而取乐。谷里偏觉鸟声，高声高韵尽相调。见许毛衣真乱锦，听渠声韵宛如歌。调弦乍缓急，向我茅茨集。时逢双燕来，屡值游蜂入。冰开绿水更应流，草长阶前还复湿。吾意不欲世人交。我意不欲功名立，功名立也不须高，总知世事尽徒劳。

芳茨賦　朱桃椎

若夫虛寂之士不以世務為榮隱遁之流乃以閑居為
樂故孔子達士仍遭桀溺之譏叔夜高人廼被孫登之
笑況復尋山翫水散志娛神隱臥茅茨之間志想青雲
之外逸世上之無為亦虗物之高致乃覩余蓬室終諸
陋質野外孤標山阿迥出壁則崩剝而通風簷則摧額
而寫石是時閑居晚思景媚青春逃斯洞谷委此心神
削野蓁而作杖卷竹葉而為中不以聲名為貴不以珠
玉為珍風前引嘯月下高眠庭惟三逕琴置一絃散誕
池臺之上逍遙巌谷之間逍遙兮無所託志意兮還目

欽定四庫全書　　集部藝文志

樂枕明月而彈琴對清風而緩酌望嶺上之青松聽
間之白鶴用山水而為心翫琴書以取樂谷裏偏覺鳥
聲高鳥聲高韻盡相調見許毛衣真亂錦聽渠聲韻宛
如敲調綵作緩急向我芳茨集時逢蟄燕來塵屋值遊蜂
入水開綠水更應流紃長階削還濕吾意不欲世人
交我意不欲功名立功名立也不須高總知世事盡徒
勞未曾昔時三箇士無故將身殞二桃

四库全书中的朱桃椎名作《芳茨赋》

未会昔时三个士，无故将身殒二桃。

译文：我这种追求空虚寂静的人，不会以忙于尘世俗务为荣。归隐遁迹的人，是以轻闲生活为乐的。以前像孔子这样的名人在问路时仍然遭到像桀溺之类的隐士讥讽，嵇康这种高人还会被隐士孙登笑得来目瞪口呆的。何不去游山玩水，放弃俗世的志向而使自己的心神欢乐些呢？隐卧于陋室之中，去遥想于青云之外。对世间抱着逃逸和无为的心态，也是一种高雅的情致和格调。

再回头看我所居住房子，总的来说是一处野外的陋室，孤单地立在龙泉山脚延伸出来的地方。墙壁已开始崩剥而能通风，屋檐已被风吹得光秃秃的，且有破洞，阳光能直接透射进来，这些都是年久失修所致。但在这里悠闲地住着，晚上积极地思考些问题，因为景色是如此妖媚且具有青春活力。我逃避到这个河谷来，就是想寄托这种心神。随意地削根野藜来作拐杖，卷起竹叶来作头巾。不去追求什么声名和财富，只在风前引颈长啸，卧在月光下高枕无忧。

这就是我这个隐者的家园，琴上也只有一根弦了，随意地放在池台之上，自由自在地在岩谷之间逍遥。自在、无所牵挂，冥思、自得其乐。在明月下弹琴，伴着清风品酒。望着岭上的青松，听着云中的鹤鸣。将身心融入山水之中，从弹琴看书中寻求乐趣。河谷里能听见许多鸟声，声调和韵律都很高亢协调。见到少许的毛料衣物就如见锦衣一样让人眼花缭乱，反倒是河渠的声韵听起来像听歌一样舒服。我也跟着或缓或急地弹着琴，让这些美妙的声音都向我的茅草屋汇集。这时燕子双双而来，游蜂也群群而聚。河里冰雪融化，绿水长流；阶前小草长出，青翠欲滴。

我的本意是不想与世人交往，更不想立什么功名，就是立了功名也不要太高，因为我知道这些世事到头总是徒劳。难道忘了春秋时期齐国公孙接、田开疆、古冶子那三个立了大功的勇士，因争吃两个桃子纷纷自杀身亡，无故殒命的故事吗？

这篇志趣高雅、文采飞扬、朗朗上口的《茅茨赋》，被《成都文类》《蜀中艺文志》《御定历代赋汇》等收录，是在《新唐书》和《大唐新语》中排名第二的隐士朱桃椎所作。

他身为一位水平颇高的文人，为何要隐居龙泉山？

《茅茨赋》的结尾以七言作了暗示。"二桃杀三士"典故见于《晏子春秋》，说的是齐相晏婴以两个桃子给公孙接、田开疆、古冶子三壮士，导致三人论功争桃并相继自杀。朱桃椎引此典故，充分反映了他对功名利禄的淡泊之情，对清静生活的真心追求。

除经典佳作《茅茨赋》外，历史文献留下与朱桃椎相关的诗词共

19首、文章15篇，这些诗文作为文化遗存，形成了独特的"桃椿文化"。"桃椿文化"滋养着现代人的精气神，将在传承天府古驿文化中发育生长，在人文天空中熠熠生辉。

医术传承　震动朝廷

朱桃椿对医学也颇有研究，造诣很深。重和元年（1118年），朱桃椿说过："内外安静，则神定气和；神定气和，则元气自正；元气自正，则五藏流通，则精液上应；精液上应；则不思五味；五味已绝，则饥渴不生；饥渴不生，三田自盛，则髓坚骨实，返老还元。如此修养，则真道成矣！"这为道家修炼提供了理论贡献，也为现代人传承养身之道提供了理论支撑。

道家有一派称朱桃椿是我国辟谷和炼内丹的祖师。据雍正版《江西通志》记载，宋代名医皇甫坦所学医术，俱得传于朱桃椿。

传说有一天夜晚，朱桃椿风雪中漫步，寒气袭人，四肢冰冷，忽然听见路旁有人在呼唤，他四处张望，发现一道士安卧在小庵中，遂停下脚步与他一起相衣而眠，两脚相对，他立刻感觉到一股热气从足底处渗入，正所谓"蒸蒸浃体，甚和适"，很快便安然入睡，进入甜蜜梦香，一觉睡到天亮。他刚起床，早起的道士对他说："他日可访我于灵泉观。"道士按照他的吩咐，前往灵泉观拜访。两人无话不说，相谈甚欢，道士方知此人正是妙通真人朱桃椿。

不久，道士又在一个小酒馆中巧遇朱桃椿，觉得两人很有缘分，于是跟随他学道，"尽得坎离虚实之旨，内外二丹之秘"。

道士吕翁遇到朱桃椎本人实属不易，而且还得到了朱桃椎炼内丹术的真传，于是他将炼内丹术一代一代地传承下去，从唐代到宋代，历经近500年，一直传到南宋著名道士、医学家皇甫坦那里。因为这种师承关系，还被写成了诗。

题清虚庵皇甫真人坦之隐居

宋 李壁

翠麓依然似梦中，拨云轩槛正春风。

安知松外双飞鹤，不是桃椎与吕翁。

据明代田汝成所编《西湖游览志余》卷二"帝王都会"记载：南宋绍兴年间，金国与南宋议和成功，显仁皇后韦氏自漠北将启程回国时，北宋末代皇帝钦宗扶着她的车轮哭着说："请让我也能回国，回去只求到太乙宫做个不管事的太上皇就够了，其他则没有再贪求于皇帝的。"韦皇后无法推辞，发誓说："我这次回去，如果不能说服皇帝来迎你回去，就瞎我双眼。"说完这个誓言，她才得以坐车回国见到高宗皇帝。但见面后，高宗皇帝根本没有迎接钦宗回国的意思，韦皇后只能暗自神伤流泪，患上了眼疾，不久双目失明。高宗皇帝见此情形，遍天下发告示，四处求人给韦皇后治眼病，但效果都不佳。其中，有一位道士应募前来，给韦皇后治疗，金针一拨，左眼就治好了，韦皇后大喜，决定继续治右眼。道士说："太后应留一只眼以存您的誓言。"韦皇后惊叹地说："老师真是圣人哪！"于是设宴款待，并给予重金，结果道士一概不收，淡淡地说："太后不相忘，略微修一下灵泉县朱真人祠就够了。"说完就消失得无影无踪。

皇帝下旨　修安静观

韦皇后的眼疾病白内障治好后，非常高兴，也非常感激，为兑现给她治病的那个道士"修一下灵泉县朱真人祠"的诺言，她请求皇帝帮忙落实，于是宋高宗皇帝下旨修缮朱真人祠。

宋高宗皇帝赵构下旨修缮的朱真人祠

南宋绍兴二十八年（1158 年）9 月 24 日，王刚中受诏到四川任安抚使，临行前，宋高宗对他说："成都府灵泉县有座朱真人祠，已经很久没有修整过了，你去修葺一番，这是皇太后的旨意。"王刚中忐忑不安地接受了命令。

南宋绍兴二十九年（1159 年）4 月 23 日，王刚中风尘仆仆赶到了四川成都就职，灵泉县县令何令望前来拜谒，王刚中就对他晓谕皇上的旨意，命他进行规划修建，并派遣通判府事范千秋去监督执行。王刚中了解到朱桃椎的事迹后，私下也愿意跟从前辈高士廉无为而治的方法，希望不会辜负圣上原来委任其至此行政的意图，所用的人力和物力全部由政府调配，一点一滴都不敢去打扰百姓。

7月18日，修建工程正式开工，到10月完工，用了近4个月的工期，总共使用工匠12100多人次，耗钱1053多万文，修建了诸多的门道和走廊，其中大殿、楼阁、用斋的饭厅以及其他房屋，总共96间，在原来的基础上将道观总共增大30步。龙泉山从此多了一座规模宏大的道观，王刚中本人则留下名篇《重修安静观记》，全程记录下安静观的修建过程。

重修的朱真人祠为之一新，道观的整体规模及内部塑像都很壮观精美，与原来的样子完全不同了，只有朱真人的绘像是广政年间（938年左右）由周元裕所画，后来因战乱，朱真人祠被毁，唯独这幅绘像，没有被大火烧坏，虽经风雨飘摇，但画像上的粉墨仍在。

朱真人祠完工后，王刚中将祠堂及画像画成图纸，回复皇上及皇太后。韦皇后一看，居然跟当时给她治疗眼疾的道士很像，经调查得知，给她治疗眼疾的是当世名医皇甫坦。他是山东临淄人，离开老家来到四川嘉州夹江，隐居在道教第七洞天峨眉山，而皇甫坦的一脉传人就是朱桃椎。

朱桃椎传人南宋名医皇甫坦画像

高宗皇帝得知后，于重和元年（1118年）亲自下诏，将朱真人祠赐名为"安静观"。

朱真人祠修好后，灵泉县县尉邹敦仁还写下一篇《朱真人石洞记》，记载了完工后的景象："观其依岩凿洞，洞深而邃，甃石引泉，泉冽而甘。接洞为亭，夹以明窗。架石为桥，次以横磴。修竹环列，岚光掩映，风籁披拂，与洞溜相，应如听琴。筑盖所谓蓬壶，方丈之景者，一朝而复矣。"

朱真人祠修缮扩建工程轰动四川，远近闻名。据南宋扈辅所著《灵泉县安静观改作十方记》记载：南宋淳熙四年（1177年）秋，胡元质在四川做行政长官时，遇到大旱，也来安静观祈雨，结果是"不崇朝而雨，岁乃大熟"，于是胡元质又亲自来祭拜表示感谢。当时他有感于安静观硬件条件不错，但管理尚有欠缺，就出面将其从师徒内部继承的子孙丛林改为对外招贤纳士的十方丛林，并从青城山召来明素守静大师韩元修到此开山住持。可惜韩元修不久死了，他又命其法嗣孙克勤继任住持。从此以后，安静观的管理和建设很快大变样，四方信众也纷纷前来，整体气象又上升了一个台阶。

安静观修好后不久，灵泉县县令王君征用兴福寺（后改为"金轮寺"）的土地，利用修安静观剩下的材料，自己再添补一些，修建可供游人休息的"望锦亭"（旧址在原区人民医院对面半山上），还专门恢复了一座"茅茨"，使得安静观的环境大为改观，范围进一步扩大。望锦亭成为当时龙泉驿第一名亭。

绍兴三十二年（1162年），县令杨公对"望锦亭"进行了重新修缮，并留下一篇名记《待鹤亭记》。李流谦《澹斋集》卷十五记载了"待鹤亭"修缮的故事：

从原待鹤亭俯瞰龙泉美景

　　灵泉县妙通祠旁边有座兴福寺，在它旁边高处建有一座亭子，亭子下面是一片绿色的田野，所有的街道、房舍、云雾炊烟、青草林树，以及田地、沟渠、田埂，相互参差错落和遮蔽着，全部展现在观者眼前，让人有一望千里之远的感觉。使来登此亭的人，顿觉视野开阔，气息平和，给人爽朗的感觉，这要算本县最佳的胜景。亭子匾额为"望锦"，取意在此抬起脚跟就可望见锦官城。绍兴三十二年（1162年）正月初一，县令杨公路过，见离安静观很近的亭子年久失修，破败不堪，亭子应当回归安静观，于是派李流谦去省府，将这里的情况禀报王刚中大人，结果王公也很高兴地认为可行，于是杨公派人对它进行了修茸。经过整治，这里的景象就如鸟鼓翼而奋飞一样，焕然一新，从荒芜的田地中拔地而起，大体上与安静观融合成一体了。由于"望锦"这个原来的名字与这座观不是很匹配，就改为"待鹤"，意为等待朱老神仙回来。

李流谦也凭借《题待鹤亭记》跻身一流文人行列。

安静观因是皇太后的懿旨和皇帝亲自下旨修建的，后来人们称其为"皇家道观"，是古代龙泉驿历史上最壮观最气派的建筑。

到宋末元初，蒙古军大举入侵四川，大肆杀戮屠城，造成人口大量减少，灵泉县被撤销建制，城池被毁，安静观也被烧成灰烬。到明清时期，兴福寺恢复，清代末期改为金轮寺，寺内最后一殿塑有朱桃椎像，寺外的大黄桷树旁还醒目地立有"朱真人故里"的石碑。中华人民共和国成立后，因为修建和扩建医院，除了当年那棵黄桷树今天仍存在外，一切都被废弃了。

文人景仰　神奇朱公

朱桃椎生活在隋末唐初，唐朝久视元年（700年），龙泉驿开始设县，名曰东阳县，天宝元年（742年）改为灵池县（宋天圣四年即1026年改为灵泉县）。中国自古有"盛世修志"一说，盛唐时期，朝廷号召各地编修地方志书，灵池县也编了一本地方志《灵池县图经》，这是目前所知最早关于朱桃椎的记载。书中将朱桃椎身份界定为"隐士"，并尊称其为"朱公"，记载有："乡邑祈请焚香祷祝者，颇有灵应。自非得道证品，孰能与于此。"

到了宋朝时期，朱桃椎的事迹经过皇家提倡，众多文人写诗作文宣传，南宋最高峰时甚至到了"邑有其祠，家有其像"的地步。淳熙八年（1181年），南宋刘光祖就曾为一李姓文友而作《新繁县朱真人祠堂记》，记述了他们率众人修一所朱真人祠的全过程。

之后，还有许多文人慕名而来。如诗人杨甲参观朱真人祠后写有《宿安静观》和《谒朱真人祠》两首诗；南宋哲学家魏了翁到成都办公事后，被其时任成都县尉的高表兄及虞刚简拉着到灵泉县拜访县令高载，并冒雨拜谒了朱真人祠，即兴赋诗4首，以资纪念。

在这些诗文中，杨甲的诗《朱真人祠》最能展现安静观的高洁与幽静。

朱真人祠

宋 杨甲

一濯岩下溪，再拜岩中庭。清风萧然来，吹我衣上腥。

仙人芙蓉冠，乘月下云軿。山空杂佩响，静夜朝百灵。

似闻客欲去，小语犹丁宁。肃肃上松柏，急以两耳听。

寂寥古坛外，但挂斗与星。天明恐是梦，恍惚遗心形。

去饮石上水，再读幽人铭。青山无行迹，雾雨松冥冥。

南宋时，著名诗人李流谦收集当地民间流传有关朱桃椎的故事，居然需要"为横碑十许"才刻得完。虽然所刻石碑没有保存下来，但仍能从文献中找到一些蛛丝马迹。人们因为其事迹感人，纷纷求购他的画像回家供奉，为此还诞生了一些名画师。

关于朱桃椎与画师的故事，历史文献中有清晰的记载。北宋黄休复所著《茅亭客话》中的《周写貌》，描述了成都人周元裕具备高超的画像技艺，但却因无缘见过朱桃椎本人，导致画像不传神而生意冷淡。后来朱桃椎现真身作模特，画像立刻神形并茂，广为流传，一下子就改变了画师的生活境遇，这在南宋名臣王刚中所作《重修安静观记》中也有"惟真人绘像是广政间周元裕所为"的记载。

宋代祝穆撰的《古今事文类聚》前集，里面有一则《朱桃椎像》记载，说成都有个姓许的画师，受人之托画朱桃椎的像，但却因其本人从未见过朱桃椎而无从下手，后来朱桃椎又现身相助。据赵道一编撰的《历世真仙体道通鉴》中《朱桃椎》记载："忽一日有一叟弊衣憔悴，引二童子至，曰：'我即朱真人也。'于是解童子所负囊中出黄道服，鹿皮冠，白玉簪，顶冠易衣巍坐，以手摩面，则童颜矣。引其须，应手而黑，乃一美丈夫也，丰神飘逸，仙风俊迈。"

朱桃椎在协助他完成构图后，告诫他今后有人来求画像，每幅只能收一千文钱。由于画像画得十分逼真传神，故销路很好，这时他起了贪心，每幅涨价为两千文。朱桃椎又出现在他的梦中，责怪他贪财过度，并掌其左脸颊，醒后遂留下偏头的毛病，但成都人仍称"许偏头"画的朱真人像最好。宋代邵浩编《坡门酬唱集》卷二十二为此事留下一首诗：

无咎次韵

秦少游

仙人朱桃椎，发绿童脸芳。

此公不可见，此画来远方。

随着朱桃椎显迹救人被传得越来越神，他还成为唐宋时期成都人祈雨的对象之一，地方官吏和百姓将朱桃椎与其北面洛带的褚信相一起作为神灵来供奉祈雨。

北宋皇祐六年（1054年），朱桃椎祈雨成功后，潘洞专门作了首《圣母山祈雨诗》。因潘洞是灵泉县地方主官，对本地情况比较了解，他作的这首诗，可以帮助我们了解当时龙泉山西麓的真实状况。

圣母山祈雨诗

宋　潘　洞

（并序）灵池县东山下有朱真人洞，洞北岗岭连属，逾二十里得褚圣女祠，化迹尤异，民咸事之。予出宰之次月，邑中苦旱，于是洁诚荐祷，希恩于二像之前，曾未三日甘雨大澍，民欣其应，式歌且忭。仰荷明灵之垂佑，作诗以纪之。

锦里城东邑，高原十六乡。江流分不到，天雨降为常。

节及三春后，晴逾两月强。龙乖寻穴蛰，鱼困入泥藏。

树影全亏绿，苗姿半吐黄。耕夫皆惨戚，市户亦苍茫。

潜虑冤无雪，深疑政有伤。推恩惭睿主，引咎谢虚皇。

罄折真人宇，星奔圣女堂。先时躅玉馔，隔夜浴兰汤。

洞口焚香远，山椒作梵长。幽诚期必达，玄应果旋彰。

雷震南峰下，云飞北岭傍。声稠喧竹坞，势迫泻银潢。

飘洒连三昼，滂沱遍一方。稻畦烟漠漠，莲沼水泱泱。

物态涵优渥，民情遂乐康。洪施周庶品，余润浃他疆。

稔岁还堪待，阴功讵可忘。明灵何以报，奋藻纪遗芳。

《新唐书》中关于朱桃椎"瞪视"的说法，后人还有许多不同的解释，如苏轼就另有见解。苏东坡被贬黄州时，遇到一位与朱桃椎行为颇为神似的人，作了一首《张先生》：

> 熟视空堂竟不言，故应知我未天全。
>
> 肯来传舍人皆说，能致先生子亦贤。
>
> 脱屣不妨眠粪屋，流涎争看浴冰川。
>
> 士廉岂识桃椎妙，妄意称量未必然。

黄州张先生的行为让苏东坡百思不得其解，由此他联想到当年蜀中朱桃椎的做法，认为朱先生对高士廉的举动甚至还有更深的含义，于是写道："士廉岂识桃椎妙，妄意称量未必然。"

妙通真人　千古流芳

朱桃椎不断现身于民间扶危济困，得到百姓、地方政府和朝廷的称颂，特别是随着各种灵异故事的出现，他被传得神乎其神。崇宁五年（1106年），自称"教主道君皇帝"的宋徽宗，赐给朱桃椎"妙通真人"的封号，道家书籍又称之为"妙通感应真人"。此后在文人笔下，尤其是道家书籍中多称其为"朱真人"。

"真人"是一个很高的评价。道家认为，从人到神有九个层级：奴婢、民者、贤人、圣人、道人、仙人、真人、神人、至人。

天有五方，地有五行，声有五音，物有五味，色有五章，人有五位，故天地之间有二十五人也。

上五有神人、真人、道人、至人、圣人，

次五有德人、贤人、智人、善人、辩人，

中五有公人、忠人、信人、义人、礼人，

次五有士人、工人、虞人、农人、商人，

下五有众人、奴人、愚人、肉人、小人。

上五之于下五，犹人之于牛马也。

所以顺序为：神人 > 真人 > 道人 > 至人 > 圣人

《黄帝内经·素问·上古天真论》："上古有真人者，提挈天地，把握阴阳，呼吸精气，独立守神，肌肉若一，故能寿敝天地，无有终时，此其道生。"注：真人居天地之上。

"神人""真人"是人们所希望而已，谁也没见过。

早在唐朝时期，朱桃椎的事迹就开始陆续有当地人在进行收集整理。宋代苏恽到洛带圣母祠（燃灯寺的前身）祈雨时，发现了圣母祠前有一篇唐大中（847—860年）时期的旧刊《朱道异撰记》。

朱桃椎是唐代一位著名隐士，他的事迹传颂于唐宋，但朱桃椎形象真正走向全国，还得益于被国家的正史收录。历史文献中有很多对他的评价，对朱桃椎的称呼也从隐士、朱公、居士，到祭酒、真人，发生过很多次变化。

五代时期编著的《旧唐书》中，他被称为"居士"，意为有德才而隐居不仕的人。宋祁、欧阳修等大家编修的《新唐书》"隐逸传"中，出现了诸如"居士屩""瞪视而出""无事治蜀"等与朱桃椎相关的典故，显示其职业是编草鞋的，而且品质颇高，称呼也从之前的"隐士""朱公"上升为"祭酒"。高士廉称其为"祭酒"，但并非国子监主管官，而是颇具道家风范，尊称为天师道教区首领。

《新唐书》"隐逸传"开篇有："古之隐者，大抵有三概：上焉者，身藏而德不晦，故自放草野，而名往从之，虽万乘之贵，犹寻轨而委聘也。"记载的文字虽不多，但却相当传神，被历代文人所传颂，特别是那几句"不答，瞪视而出。士廉拜曰：祭酒其使我以无事治蜀邪。乃简条目，薄赋敛，州大治。"说明朱桃椎具有大隐风范，自然应归入"上焉者"。

《新唐书》和《唐新语》的隐逸传将朱桃椎列在唐朝25位隐士的第二位，称其为唐朝隐逸"两蜀钟秀"。宋代曹勋撰的《松隐集》中有一首《朱真人赞》："灵泉真人，两蜀钟秀。马溪道成，《茅茨赋》就。历正救物，不迹不有。为师之师，再拜稽首。"

道教方面，元代浮云山圣寿万年宫道士赵道一所撰《历世真仙体道通鉴》卷四十三，称朱桃椎"得道证果，不乐飞升，混迹樵牧，往来城市山林间，以救世度人为念"。

到了近代，冷立、范力编著的《中国神仙大全》也为朱桃椎单独列传，将其归入神仙类。

朱桃椎有着特立独行、绝伦绝俗的人格和智慧，他用自己的品行实践着一个真正山林隐士的风范，有高论以济民，有妙行以示官，有名赋以劝世，有神迹以助人，却绝不用之媚官求名求利，给后人留下许多启迪和力量。

辛亥急先锋　儒将多磨砺
——川军名将、进步人士田颂尧

20世纪初，在龙泉古驿小镇上，出了一位大将军，上将军衔，在四川叱咤风云几十年，是小镇上响当当的人物。

他是保定陆军军官学校第一期学员，与蒋介石、顾祝同、叶挺、张治中、刘文辉、邓锡侯等人同窗，民国陆军上将，四川防区制时代"四巨头"（刘湘、刘文辉、邓锡侯、田颂尧）之一。

他一生曲折坎坷，参加过辛亥革命、护国战争、军阀混战、国共内战，支持过抗日战争。他坚持以"仁"为本，崇尚优秀传统文化，提倡"荆树家风"，重视读书育人和以仁治军，对子孙后代、所属部队乃至当地社会都起到了很好的促进作用。他和他的家族做过很多公益事业。最后拒赴台湾，投奔

川军名将、进步人士田颂尧

共产党，参与新中国建设。

他是辛亥革命先锋和北伐战争先驱，四川知名的民主进步人士，中国著名历史人物。

他，就是民国大将军田颂尧！

田颂尧（1888—1975年），又名见龙、光祥（族谱名），四川省简阳县龙泉镇（现龙泉驿区龙泉街道）中街人。历任辛亥革命上海苏浙学生军军事部长兼营长，四川护国军支队长，川军参谋、营长、团长、旅长、师长、四川军务帮办兼川西北屯垦使，国民革命军第二十九军军长、国民政府军事委员会委员、川陕边区"剿匪"督办、国民政府军参议院上将参议、四川省政府委员兼民政厅长等职。中华人民共和国成立后，任四川省人民政府参事室参事，四川省政协委员、特邀人民代表。

名门少年　　从军报国

田氏族谱

清乾隆年间，大量两湖两广的移民来到地广人稀的四川，史称"湖广填四川"。成都平原，古称"天府之国"，也吸纳了大量的湖广移民。

据田氏族谱记载，清朝初年，有一位湖南武岗县的田姓壮年，携全家老小，不远千里，来到成都东郊龙泉驿（原简阳县）定居。

到清光绪年间，大约1872年，经过几代

人的辛勤耕耘，龙泉驿的田氏家族逐渐形成。其中，田颂尧父亲田元章尤为出众，在龙泉镇中街开了5间门面、1座后院的中药铺，店名"保和""德和"两堂。保和堂专营膏丹丸散，德和堂设医看病拣药，后院居家兼作药材加工场所。田元章为人忠厚，擅长经营，家业逐步发展，从此家道中兴小康，颇具乡望，是龙泉驿小镇上很有名的人物。

20世纪90年代初，龙泉驿区政府将田元章原故居，即德和堂、保和堂旧址作为地方文物保护单位，取名"田氏支祠"，并修葺一新，其中仍保留有田颂尧提倡家庭和睦的"荆树家风"匾额及碑刻。后来，因龙泉镇中街改造，田氏支祠整体搬迁至现区文管所。

位于龙泉驿区文管所的田氏支祠

田元章妻子萧氏，温良贤淑，是一位贤内助。夫妇育有5子3女，长子光禄、次子光裕、三子光祥、四子光弟、五子光泽；三女：琼芬，琼英，琼希；另有一干女姜昭瑞。

1888年6月19日，田元章夫妇喜得第三子。第二天，长松山长松寺方丈和尚来道喜，说他昨天观天象，看见霞光照射在德和堂屋顶上，祥光四射，蓬屋生辉，是个好的征兆，田家必有贵人降生。田元章夫妇大喜，遂为三子取名为光祥（田颂尧）。

田元章夫妇非常重视子女的教育，特别是三子光祥，自幼聪慧好学，3岁即送私塾习文，5岁习武。光祥从小就有军事天赋，舞刀弄枪是他的最爱。他喜欢在玩伴和长辈面前卖弄表演，每次都获得喝彩。他对古代经典战例兴趣浓厚，6岁时就可以给玩伴讲齐国名将田单"火车阵"以少胜多的故事。他很有号召力，成为"孩子王"。

清朝末年，清政府在维新派的影响下，崇尚军事兴国，在全国兴办陆军小学和中学，招收优秀青、少年入学，培养栋梁之材。1896年，光祥8岁时，即以优异成绩考入全公费的陆军小学，后又保送升入南京第二陆军中学。1910年，在民主革命思想的影响下，光祥加入了孙中山领导的同盟会。1911年，辛亥革命爆发，各地陆军中学停办。1912年，北洋政府开办了中国第一所以德、日军事制式要求，培养职业军人的保定陆军军官学校，光祥经过"验身体、考科学"的严格筛选，进入保定陆军军官学校第一期学习，改名为"颂尧"。军校聚集了一大批受孙中山民主革命思想影响而立志报国的优秀热血青年，后来大都成为辛亥革命、护国战争、北伐战争的中坚。

田颂尧系军事科班出身，从参加辛亥革命后的20多年军旅生涯中，他靠过硬的军事才能，步步擢升，从参谋、营长升迁为支队长、团长、旅长、师长，直至当上将军。

田颂尧尊敬兄长，孝顺父母，深得家庭器重，父母着意培养他，后成为田氏家族中最杰出人物，为田氏家族和龙泉驿的兴旺发达做出了特殊贡献，恩泽惠及成都及川西北各地。

在田颂尧之子田明誉的记忆里：父亲书房很大，印象最深的

田颂尧儿子、孙子讲述父亲和爷爷的故事

是墙上挂有文天祥的长诗《正气歌》和岳飞的词《满江红》大条幅。他很尊崇文天祥"人生自古谁无死，留取丹心照汗青"的气节和岳飞精忠报国的赤子之心。他讲故事，讲远古尧帝、舜帝、贤臣、明君的典故。他在保定军校改名"颂尧"，也许就是他效法古先贤的人生追求。

家族崛起　崇尚公益

传统社会是乡绅自治形式的，一个地方的面貌基本由当地的大家族所代表。关于这些大家族，民间留下了许多俗语。比如"龙泉的油打不得、洛带的牛牵不得、大面的雪踩不得、山泉的罾搬不得、茶店的枋抬不得"。这表面说的是些生活用品，实际是指几个大家族，即龙泉的游家、洛带的刘家、大面的薛家、山泉的曾家、茶店的方家。

当然，家族势力也有兴衰更替，其中最著名的就是龙泉镇的田家崛起，取代原来的晋、蔡、游三大家族。形成了民间产生新的俗语，如"尽菜油、倒到田里头"，以及场口大黄桷树的树干突起，象征"三狮向田"等。

1990年春节，田颂尧子女在其故居（东二巷九龙宾馆）合影留念

到了民国时期，龙泉镇最有代表性的家族就属田家了。田氏同辈四兄弟都是当时叱咤风云的人物，老大田光禄做过县长，当过医生；老二田光裕做过县长，为龙泉镇捐阅报室；老三田光祥

做过军长；老四田光弟做过旅长和警备司令。在龙泉镇，田氏家族声望很高。

除田颂尧几兄弟外，他们的堂兄堂弟也很有出息。田宪臣（后改名田显成）和田亮熙先后出任过龙泉镇镇长。当年龙泉驿较出名的川剧社是由田亮熙、田显成组织的"众志友集社"和"无闲会"。

田颂尧发家后，积极从事公益事业，公益理念贯穿他的一生。1930年，成渝公路成都至简阳段开通后，田颂尧便成立了龙泉驿运输公司，并亲自出任总经理，开通了龙泉驿至简阳的客运汽车，极大地方便了当地人员出行；20世纪40年代，皇城贫民区曾发生一次重大火灾，造成灾民无数，他倾力救助，送去粮食、衣被、大洋，解了灾民燃眉之急；他先后向树德中学、南薰中学、荫堂中学、龙泉中学、华西大学文学院、资阳县伍隍扬寿民公学、金牛区茶店子小学、三台儿童图书馆等多所学校慷慨捐资，关心教育青少年成长；他还捐资在三台县牛头山下修建了中山公园（今梓州公园）；在绵阳县修建了当时号称"川西北第一公园"的绵阳人民公园；在家乡龙泉镇，他出资办学校和慈善会、建公共阅览室、兴办交通邮电、为龙泉山引种优质水蜜桃等，热心社会公益事业，做了许多关心民生的事情，在社会公益事业建设和民风引领上都有很高的建树，深受百姓欢迎。

在田颂尧的帮助下，堂弟田亮熙发家后，觉得自己社会形象不够好，被居民背后称为"田干瘪"，遂积极投身公益事业。他自费创办了"龙山小学"，设立了"龙山奖学金"，但还是没有被社会认可。20世纪40年代初期，正是抗日战争战略相持最艰难的时期，作为战略大后方的龙泉镇，民众抗战热情高涨，为抗日前线和国家建设培养更多的青年人才，田亮熙决定以自己为主体，邀约镇上士绅共同创办"龙泉中学"。1942 年 7 月，龙泉中学建成，田亮熙立即宣布学校为公立，所有财产归政府，再拿出两间铺面作为图书室，并聘请主要出资人、全川很有名望的田颂尧出任龙泉中学董事长。他在创办过程中不谋一毫私利，这时，居民们才普遍认为其"终于修成了正果"。

田家迅速在龙泉驿当地崛起，他们积极从事社会公益事业，大力服务地方经济社会发展，成为当地富户晋升为乡绅的优秀代表。

荆树家风　崇文重教

田氏家族以群体性的姿态出现在地方，这有赖于著名的田氏家风。家族传到田颂尧父亲田元章时，十分重视子女的教育训导。

"读书明德，中庸处世"，是田氏家族的家训，也是田氏家族最宝贵的精神遗产。

"明德"出自儒家经典《大学》。开篇云："大学之道，在明德，在亲民，在止于至善。"是儒家讲论理道德、政治哲学的三纲领。首先要严以修身，提升个人的德操，达到至诚至刚、至完至美而亲和百姓的高尚情操，这是善的最高标准。在《田氏支祠》大门对联中就有"清门明德菊槐长馨"的遗训。"清门"即书香门第。家训中的"读书"，指读有字书，又读无字书，读书是修身的起点，前进的动力，成功的保证。"读书明德"成为田家子孙高雅的生活方式。

"中庸"出自儒家经典《中庸》。要义云："君子中庸，小人反中庸。

君子之中庸也，君子而时中；小人之反中庸也，小人而无忌惮也。""中"
者即自然适度，是事物的自然规律，也是一种大智若愚的处世智慧和韬
略。中庸文化博大精深，涵盖面广，是一种行为方式、管理方式和处世
方式。小人的言行违背中庸，是因为他们肆无忌惮，做人难于和谐相处，
做事难于顺利成功。中庸思想作为中华民族的优秀传统文化，受到田家
子孙大力弘扬与推崇。

　　在修建"田氏支祠"时，他们还特意请书法家赵熙题写了一幅牌
匾："荆树有花兄弟乐，书田无税子孙耕"，这就是"荆树家风"。

　　"荆树家风"来源于一个典故：传说古时田氏三兄弟不和，闹着要
分家，庭前荆树盛开的鲜花一夜之间就枯萎凋谢了，兄弟们受到震动，
感到内疚自责，决定不分家了。三兄弟和好如初后，荆树又重抖新颜，
花繁叶茂。从此以后，田家特别注重兄弟和家庭的团结和睦，注重读书，
不说人之短，不道己之长。

田颂尧夫妇与子女们的合影

　　田颂尧娶妻冯氏，膝下有 8
女又 3 男 11 子女，故又号称"士
好翁"。作为田家子女中最有出
息的人物，田颂尧带头不分家，
11 个子女全部聚在一处，慈父严
母，一大家人其乐融融。

　　田颂尧夫妇对子女的教育做
到因材施教，按兴趣发展，小儿
子喜欢踢足球，他还专门买一个
回来陪儿子踢。田家的子弟都爱

读书，遂在家里开学堂，请了两位家庭教师。一位是赵老师，前清秀才，负责教古书、书法、科学知识；另一位是何老师，上过"洋学堂"，虔诚的基督教徒，负责教钢琴、提琴、球类等艺体。

受"荆树家风"影响，田颂尧曾创办《仁学》杂志，写《唯仁论》，住长松山的"唯仁山庄"和城内东二巷的"仁居"，体现了他宽仁为怀、与世无争、待人和善的仁者之心。

在帮助亲戚和身边人学习教育方面，田颂尧大力支持，用言传身教影响他们，培养出很多有学问的人。

田家在龙泉驿有很多亲戚，这些亲戚也时常来唯仁山庄，其中有一位学业优秀的孩子叫谢利万，大兴场谢家沟人，后来随家人搬家到洛带，并就读于洛带小学。当时，恰巧陈书龙军长想为儿子寻一个伴读，而谢利万因家庭经济拮据，进城读中学有困难，于是田颂尧将谢利万推荐给陈书龙，既解决了陈军长的需求，又帮助了谢利万学业进步。1942 年，谢利万考上西南联大，1946 年从清华大学土木工程系毕业，成为龙泉驿第一个清华大学毕业的学子。他后来还参与成渝铁路、宜宾至西昌公路、茶店镇前锋水库建设，最终从西昌建设局设计室退休后，又到龙泉驿区的建筑公司兼职。

另外，田颂尧秘书雷仲伟在其影响下，事业有成，后来到洛带小学教书，是东山著名的书法家，其后人仍居住在龙泉驿。

田颂尧一生热心文化教育事业，曾先后担任成都树德中学、南薰中学、龙泉驿中学董事长，捐资创办华西文学院、资阳伍隍扬寿民公学等近 10 所学校。夫人冯觉宜，出身书香门第，就读师范学校。她在家抚育子女、培养人才、管理家产、料理家事，是一位能干、贤淑的女当家。

她人缘好，威望高，深得亲友景仰。

　　田颂尧夫妇很重视对后辈的教育和培养，他们的子女都受过良好的高等教育，为国家做出了贡献。

田颂尧与夫人冯觉宜一辈子相敬如宾

　　据田颂尧之子田明誉回忆：父亲退居后，为多年戎马生涯而难于顾家深感内疚，对家族和家庭倍加关爱。他提倡家庭团结和睦的"荆树家风"并身体力行。他同兄弟姊妹感情甚笃，对他们的物质接济、生活照料十分周到，叔伯姑妈非常敬重父亲，他在家庭中享有极高的威望，可以说是一言九鼎。与母亲更是几十年相濡以沫，从未红过脸、吵过嘴，平时互称"阁下"，相敬如宾。当时有社会地位的人大都把纳妾作为时尚，父亲信守一夫一妻伦理道德，实属难能可贵。

1956 年，田颂尧与子孙们的合影

父亲对子女的教育也十分关心，要求甚严，培养子女全面发展。在生活细节上也定了许多规矩，如吃饭时不要大声说话、饭碗里不能剩一粒米浪费、当学生不穿皮袄、不准喝酒吸烟、写过字的纸不能乱扔要丢在专用的字纸篓内等，让子女养成良好的生活习惯。

受良好的家风家规影响，田颂尧11个子女全部大学毕业，发展都挺好。中华人民共和国成立后，有的成为高级工程师、高级经济师、中科院研究员、教授、文史研究员；有的从政当领导，成为各单位的骨干，为社会主义建设作出了积极贡献。他们还多次组织宗族聚会，回龙泉驿街上的田氏支祠和长松山唯仁山庄凭吊，祭示先祖，弘扬家风。

年轻时田颂尧与子女

辛亥先锋　　北伐先驱

1911年辛亥革命爆发后，全国各地反帝反封建革命运动风起云涌。1912年，由于长期受孙中山革命思想熏陶，田颂尧保定军校学习尚未毕业，就主动放弃学业，南下到革命形势高涨的上海，与陈果夫、钱大钧等一起，组织苏浙学生军闹革命，任军事部长兼营长。在攻打南京清政府时，他亲率学生军健儿数百人作为前锋，与前来镇压的清军激战于南京城下。战斗中，他奋勇当先，沉着应战，率领学生军果断出击，一路所向披靡，清军望风而逃，成为辛亥革命的先锋。

随着革命形势的急剧发展，川籍军校生纷纷回四川闹革命。田颂尧回川后，在川军第四镇任参谋。1912 年 4 月，川军将镇的编制改为师，田颂尧任第二师刘存厚部第六团二营营长。

辛亥革命胜利后，袁世凯窃取胜利果实，当上大总统，田颂尧跟随刘存厚误入歧途，一直在其麾下任职。1915 年 2 月，四川督军陈宦在全川开展"大清乡"运动，田颂尧任川南清乡独立支队长。

1915 年 12 月，袁世凯妄图复辟帝制，遭到全国反对。在孙中山的领导下，云南蔡锷首举义旗，任云南护国军总司令，是全国第一位通电讨袁的先锋。同时，与蔡锷同为留日士官生的川军师长刘存厚共襄义举，通电响应起义，反对帝制，维护共和，并任四川省护国军总司令。对此，袁世凯即派北军入川清剿，拉开了四川护国之战的序幕。

1916 年 1 月，刘存厚为讨伐袁世凯，集中全体军官在叙永忠烈祠宣誓："愿以身报国，拥护共和，铲除帝制，锐意旌表。"田颂尧被任命为四川护国军二路支队长，其部作为主力，与北军战于川南江安南溪、泸州等地。2 月 2 日，田颂尧部俘获北军传令兵，了解到北军行军路线，提前在江安河马腿津要塞北军必经之地部署重兵和山炮，待北军到达时，田颂尧充分发挥军校炮科生专长，指挥部队枪炮齐发，实施精准打击，北军众多船只中弹沉没，3 个团的兵力全部溃散，缴获了大量枪炮粮食，俘虏北军数百人，创造了以少胜多的战例。3 月 17 日，护国军发起总攻，田颂尧部攻打北军主力固守的江安、纳溪、泸州重镇，浴血奋战了 1 个多月，官兵死伤无数，终于全线告捷，这是护国军讨袁最惨烈的战役之一。战斗结束后，蔡锷将军会见刘存厚时，大加赞赏称："田、邓（锡侯）两部均很能战，实属英勇。"

战事告捷，田颂尧为发扬革命精神，将 2 月 2 日定为"二·二护国纪念日"，每年宣传庆祝。田颂尧还赋长诗《马腿津歌》一首，表达对反帝民主革命的拥护和忠诚，抒发为革命奋不顾身的忘我情怀。

一隅关系全局，云贵川发动护国战争后，各省纷纷通电讨袁。6 月 6 日，袁世凯忧愤而死，全国护国战争结束。

护国战争后不久，全国进入军阀混战时代，四川进入地方势力割据的防区制时代，形成了自委官员、自我税赋、自筹军饷的国中之国、省中之国，爆发了多次争夺防区的战争，形成了优胜劣汰的局面。在 1916 年底至 1926 年的 9 年多军阀混战期间，田颂尧为形势所迫，一直跟随刘存厚，效力于北京政府，因其骁勇善战，屡立战功，脱颖而出，由团长升任旅长、师长、川西北屯殖军总司令，加入北伐军后任军长，一路升迁，崛起于行伍。

1916 年 8 月，田颂尧升任川军第 1 军第二师骑兵团团长兼成都城防司令，10 月北京政府授予田颂尧四等文虎章。1917 年 4 月和 7 月，为争夺四川政权，刘存厚与督军罗佩金爆发了成都巷战，田颂尧在这两次巷战中为刘存厚立下了战功，受到奖励。8 月，田颂尧率骑兵团由成都进攻简阳、资中的滇军，取得重大胜利，11 月北京政府授予田颂尧陆军炮兵中校，次年 1 月又授为陆军炮兵上校。1918 年 7 月，因田颂尧多次作战有功，被任命为北京政府第 21 师 41 旅旅长，8 月被北京政府授予陆军少将，11 月被授予三等嘉禾章，12 月任北京政府第 21 师师长。1923 年 9 月 5 日，田颂尧率部在与熊克武所部的战斗中取得胜利，被北京政府授予陆军中将，12 月 10 日被授予章威将军。1924 年 5 月 2 日，因田颂尧作为第五路总指挥，反攻熊克武部取得重大胜利，被北京政府授予陆军上将，5 月 27 日北京政府又任命田颂尧为四川军务帮办，处理善后事宜。1925 年 4 月，杨森发动"统一之战"，田颂尧指挥第 21、22 两师侧击杨森部，取得重大胜利。1926 年 5 月 26 日，北京政府委任田颂尧为四川军务帮办兼川西北屯垦使。田颂尧打出川西北屯殖军总司令的旗号，加紧扩充实力，扩大防地，成为当时四川赫赫有名的大人物。

1926 年 9 月，北伐军攻克武汉，各地革命运动不断高涨，田颂尧先后派刘鸿逵、黄子谷等代表前往南昌，联络易帜，积极响应国民革命军北伐。12 月 12 日，由北伐军总政治部主任邓演达负责，对川军进行了整编，委任田颂尧为国民革命军第 29 军军长，正式纳入北伐军的编制。田颂尧对此十分看重，认为这是他"追随孙中山先生，践行三民主义，振兴中华"的人生新起点，特在三台军部宣布放假 3 天，并举行灯会庆祝。

1927 年，田颂尧为《五卅第二周年纪念特刊》题词

1927 年 2 月 17 日，国民政府委任田颂尧为军事委员会委员，田颂尧发表了"敬告我农工商学兵各界同胞"宣言，并为"五卅惨案"第二周年纪念特刊题词。1928 年 11 月 19 日，任命田颂尧兼任四川省民政厅厅长。1929 年 4 月，四川爆发"上东之战"，田颂尧通电，武装制止川战，并在省城维持秩序。1930 年 9 月 6 日，中原大战爆发，田颂尧等川军将领对蒋介石窃

取北伐成果进行独裁统治，镇压民主运动不满，联名发电劝蒋介石下野。

田颂尧任军长时签发的委任状

在三台期间，田颂尧对部队进行了整编，废师改路，形成 3 路司令下辖 11 个混成旅，约近于战时编制。为提高指挥员素质，每年对下级军官进行分期分批培训，除学军事外，更重要的是政治培训，田颂尧亲自授课，高举三民主义旗帜，要求每个军人都要"忠于国家，忠于主义，忠于民众"，要牢牢树立"卫国保民的职责"。这一时期，田颂尧的部队发展迅猛，到 1931 年已有 6 万多人，防区拓展到川西北 26 个县，并开办了兵工厂，在成都总府街、春熙路、走马街等繁华地段开设 8 家银号筹集军饷，还雄心勃勃在潼川成立"航空筹备处"，准备建立空军。此时为田颂尧 29 军鼎盛时期。

1931 年，由国民党宣传部出版、孙中山亲自题词的《当代党团名人录》收录了全国 30 名北伐先驱，田颂尧名列其中，这是对他参加辛亥革命和北伐战争的最高褒奖。

川军儒将　以仁治军

田氏家族的家训"读书明德，中庸处世"在田颂尧身上得到了传承和弘扬。他崇尚儒学，爱国爱家，光明磊落，追求大同礼运、强国富民之理想，"中庸处世"成为他做人做事的根本准则，是川军典型的儒将。

他在军中倡导仁学，大力弘扬孔孟哲学思想，1930 年著有《唯仁论》一书。

田颂尧坚持以仁治军，曾在 29 军 22 师教导队学员结业典礼上致训词，他讲道："孙中山总理说'革命军人，是以一个胜百个的军人'这句话是说明革命军人的精神训练的效果。自古及今以少胜多的军队完全是精神的力量，但是要怎样才能够养成这种勇敢的精神呢？孔子说'知耻近乎勇'，又说'勇者不惧'。尔等试想：现在中华民国的国家被外人蹂躏，是不是一种耻辱？中华民国的国民成了殖民地的奴隶，是不是一种耻辱？我们革命军的第一个敌人就是蹂躏我们国家压迫我们民族的帝国主义者。其次，就是勾结帝国主义者扰害我国家人民的军阀。如果这两个敌人不打倒，我们的国家和民族就永远在受耻，如果我们革命军人放弃责任纵容敌人，就是我们革命军人的大耻。军人的精神多半是由知耻的血性刺激出来，尔等要备具努力奋斗的精神，尤其首要备具'勿忘国耻'的血性。

孙中山总理的三民主义适合国情，即是我国唯一无二的救国主义救民主义，凡是革命的军人要切实尽到卫国保民的职责。对三民主义必须要明了研究、融会贯通，才知道国家被殖民现在害的什么病？才知道救他卫他保他的方法。在三民主义旗帜之下，努力革命。一面要忠于国家，一面要忠于主义。对于中山总理的三民主义，务要诚笃的信仰，忠实的拥护，才能不愧为革命的军队。"

这个训词反映了一代儒将经文经武，治军有方，对部属严格要求，对辛亥革命的坚定主义信仰和拥护，也体现了他卫国保民的高尚志向，训练出了一支昂扬向上、能打胜仗的革命军的思想引领。

1932 年 8 月，刘湘、刘文辉二刘之战拉开序幕。刘文辉为肃清后防，集结兵力于成都，先攻刘湘盟军田顺尧，11 月 16 日，爆发了刘文辉与田颂尧的成都巷战，历史上称之为"省门之战"。双方在皇城煤山（今天府广场）激战三昼夜，官兵死伤无数，多处民房毁损，百姓生灵涂炭，特别是当时田颂尧指挥所就设在文殊院内，若巷战继续，川西名寺文殊院将毁于一旦。鉴于此，双方都不敢贸然开战，田颂尧遂主动约请成都名流尹昌衡等社会贤达出面调停，同时邓锡侯也从中斡旋，双方达成休战协议，29 军自愿退出成都，省门之战结束。

面对被巷战破坏，满目疮痍的成都市井，田颂尧触景生愁，心中充满矛盾，甚至谋生急流勇退之心。

为排遣心中的不安，此后田颂尧曾多次问道拥有相同经历的昭觉寺清定大法师。清定大法师原名曾云山，曾是蒋介石身边国防部少将参左。"九一八事变"后，出家为僧，成为密宗第十三代能海法师的门生，他学识丰富，了解政界，对佛学虔诚，很快成为名噪一时的昭觉寺住持。田颂尧每次问道，都觉有益，感悟了禅道复苏良知，超越人生的博大精深，从此成为昭觉寺的常客。

田颂尧退居后，对佛学的信仰和追求非常执着，每天抄写《金刚经》《心经》等佛教经典是他的功课。每逢生日和农历的初一、十五去庙里问道，敬香捐款是经常的事，如今位于青城山上清宫的"乾坤清气"和阆中汉桓侯祠的"吾见刚者"金匾，就是他生日时的捐赠功德。

抗日战争时期，闲居成都的田颂尧看到国土沦丧，山河破碎，遗憾的是不能亲自统军抗日，只能以满腔的报国之情和一颗仁善之心做点自己力所能及的事。1938 年，他积极支持旧部孙震带领川军出川抗日，变卖田产，捐资数万大洋改善川军极差的装备，并将自用底盘较高，利于行军的小汽车送孙震使用。在山东滕县战役中，原旧部 29 军师长王铭章，阻击日军，浴血奋战，以低劣的武器，悬殊的兵力，苦守孤城，壮烈殉国，谱写了川军抗日史光荣的一页。田颂尧闻讯，十分悲伤，在成都举行的王铭章将士 4000 余人以身殉国的悼念仪式上，身为主祭人的田颂尧，奋笔疾书挽联："此驭孝承家，天步艰难，抗战雄威疆场壮；为职忠报国，我心伤悼，成仁大节使崴香。"哀悼之情、抗日爱国之情溢于言表。此后，他还将在滕县战役中受重伤的吕康旅长，接到唯仁山庄养伤调养，充分体现了他对旧部的仁善之心和关爱之情。

在处理一些日常小事情上，也反映了田颂尧的仁厚之心。一日，家里抓到一名盗贼，家人正欲捆绑拷问，田颂尧见后立即制止，还送 10 个银元，教训后放走。事后，他对家人说，这也是时局不好，生活逼迫。由此可见，他对当时腐败的政局很不满。

内战失利　削职闲赋

1927 年 4 月 12 日，蒋介石在上海发动政变，公开背叛革命，暴发了国共内战，红军第五次反围剿失败后，被迫长征，遭到蒋介石国民党中央军和地方军的围追堵截。1932 年 12 月上旬，红四方面军在徐向前的指挥下，乘四川军阀混战之际，由陕南向川北突进。不到 1 个月，先后解放了通江、南江、巴中 3 县，创建了川陕革命根据地。

为阻击红军进入四川，受国民党蒋介石和四川防区司令刘湘之命，田颂尧作为川西北防区国民革命军 29 军军长，被迫率部参加国共内战，阻击红军。1933年1月27日，蒋介石委任田颂尧为川陕边区"剿匪"督办。

1933年2月，红四方面军徐向前部进入田颂尧防区之前，曾派指挥员旷继勋送信称："此次红军入川，不会久留，不过暂时假道，即将他去。"田颂尧因此未予重视，也未调主力阻截。

在四川巴中、通江、南江、阆中、苍溪等地，田颂尧投入兵力达38个团，近6万人，分为左、中、右三路纵队，奉命多次围剿红军，均遭致失败。特别是1935年2月的苍溪战役中，红军采取"收缩阵地，诱敌深入"的方针来打破田颂尧部的三路围攻，乘胜跟踪猛追，苍溪失守。3月12日，蒋介石发出电令"督饬不严，着记大过一次"，谴责和追究田颂尧失陷苍溪。同时，田颂尧奉刘湘电告："组织力量反攻，务期收复苍溪。"田颂尧部奉令出击，但在红军的有力阻击下，双方成对峙状态。3月28日，红军突破江防之后，势如破竹，迅速向左右席卷，田颂尧部防御阵地全部瓦解。

蒋介石对田颂尧的"剿共"不力大为不满，而四川情况特殊，蒋的势力又鞭长莫及，故耍了一个手腕，委任田颂尧为川陕边区剿共总司令，重新设防于嘉陵江一线，后被红军突破，田颂尧的29军受到重创。

田颂尧率部阻击红军再次失败后，电程蒋介石、刘湘示罪，请求予以"削职示惩"。4月2日，蒋介石借势以"断难再

1934年时的田颂尧

事宽容"，手令川中各军将领，将田颂尧着即"撤职查办"。副军长孙震"辅助不力，记大过一次"，并令孙震暂率第二十九军"戴罪图功"。蒋介石趁机以"保存实力，剿堵不力"撤去田颂尧职务。4月19日，蒋介石升任孙震为第29军军长，将第29军的番号改为第41军，至此，田颂尧经营了几十年的部队就此瓦解。

5月，田颂尧在潼川与孙震办理交接手续后，同家人一道离潼返蓉，结束了他25年的戎马指挥官生涯，成为闲职。

6月21日，蒋介石以田颂尧被撤职后，尚能引咎自责，亟思补过，令撤销查办处分，田颂尧算是躲过一劫。他本来就对蒋介石发动内战不满，对于被撤职，田颂尧表现平静，反而认为是一种解脱。

田颂尧被解职后，寓居成都。1936年7月9日，国民政府特制定国民革命军誓师10周年纪念勋章，田颂尧获颁纪念勋章。9月12日，国民政府任命田颂尧为军事参议院上将参议，也算是为他在国民党军旅生涯画上了圆满的句号。但田颂尧因不满蒋介石排斥异己，压制救亡的独裁统治，并未履职。

唯仁山庄　　归隐宝地

位于龙泉山最高处的长松寺，当年已十分破败，经一位高人的推介，田颂尧前往进香，见古木参天，风水极佳，便捐资修葺，并在寺庙对面，修建了今为成都市文物保护单位的"唯仁山庄"。

唯仁山庄又名"长松山舍"。长松山位于现龙泉街道东南15公里

位于长松山顶的唯仁山庄

处长松乡凉风村境内，最高点海拔 1051 米处，为龙泉山脉最高峰。成都古话里的"西眺雪岭，东望长松"就是指成都东西最高点，分别是东面的长松山和西面的西岭雪山。早在古蜀时期，这里就有蚕丛王庙，唐代的住持马祖行空曾被唐玄宗召见过，后来的方丈圆眆跟唐代诗人李德裕、郑谷等都有唱和。宋代，此处成为当地官员接待贵宾的必游之地，并留下大量文学作品，大文豪苏东坡的诗作也曾专门提到过长松寺。

唯仁山庄中西合璧，主体建筑为一幢砖木结构双层楼房别墅，单檐歇山式瓦屋顶，青砖墙体，白灰勾缝，玻璃大窗饰以中式木刻浮雕贴花。楼底通高 12 米，进深两间 11.77 米，正门右起第四间建有抱厦，抱厦上层为阳台，后楼三面环绕 2.9 米宽回廊，总面积 6000 平方米。山庄外石桥阑板为沙石结构，其中镌刻恭贺山庄落成，赞誉主人功业的词赋及长松八景诗词。如左边阴刻横读"唯仁山庄"，小字竖刻"刘存厚题"，右边阴刻横读"长松山舍"，小字竖刻"庄主书"，时间记载皆为"丙子年春"。

唯仁山庄周围为茂密的原始森林，面积达 140 余亩，约 5000 株珍贵的小叶桢楠。其中一株为树龄约 1600 年的古银杏，树围 12 米，盘根错节，枝干苍劲，冠盖浓郁，是成都市十大树王，长松八景之"千年银杏"（另七景为"西塞斜晖""普铭大篆""成化丰碑""长脚仙踪""鲁班哲井"　"云峰积雪"　"万顷松涛"）。

唯仁山庄建成后，田颂尧常在山庄小住，每年免费邀请军政界老友、文化教育界名人、宗教界德高望重的僧侣、外国友人、青年学生夏令营等来此度假、讲学，共同探讨振兴中华的救国之道。田颂尧所著《唯仁论》，讲"中庸""明德"之家训，大同礼运，自由、平等、博爱、强国富民之理想一书，就是在山庄写成。原在成都东二巷的寓所，也取名为"仁居"，这在当时社会也是一种爱家爱国的高尚追求。

唯仁山庄专供田颂尧藏书、研究文学、讲学等使用，山庄还收藏有古今中外的各类图书10万余册，其中有一套完整的"万有文库"。田颂尧有感于第一版《简阳县志》没有把龙泉驿的历史说清楚，还专门聘人利用唯仁山庄的书修第二轮《简阳县志》。

田颂尧在山庄居住期间，读书、写字、作诗成了他唯一的嗜好，他曾撰写一篇《唯仁山庄记》，刻于山门外一座石碑上，内有"频年战伐，敢告山灵"句。抗战期间，蒋介石到成都，召见田颂尧，问及他的生活状况，田颂尧答以"闭门读书"。

据田颂尧的小儿子田明誉回忆，1949年前，他们每年都要到唯仁山庄避暑，每次去都有几十人的规模，厨师要请3个，让挑夫几十人挑东西上山。因为山庄附近有一个华西大学暑期实践基地，他还经常与专家教授聚会，听讲学，规模大而且比较规范。他们每次到了凉风垭，就能看到极为密集的林子，黑森森的，晚上听松涛，

田颂尧子女瞻仰唯仁山庄合影留念

响动很大，年幼的田明誉每次都要适应几天才能睡得着。

当时的长松寺还有两重殿，香火很旺，经常有僧人念经和做法事。但田颂尧信仰儒家思想，有8女3男11个子女，但只有1个妻子。有一次，田颂尧将腰上的左轮手枪放在桌上，被小儿子看到，因好奇拿来玩，结果枪走火，子弹打出去击中走廊的柱头，差点击中他的两位姐姐。但田颂尧不发火，还召集孩子们给他们讲解枪的构造，如何上锁和上子弹，以及安全使用的方法，但夫人还是狠狠地批评了孩子。

拒赴台湾　起义回归

1945年，田颂尧在邓锡侯、刘存厚等人的支持下，以其旧部为基础，成立了"二二护国同志会"，邀请四川军政界及地方士绅700余人参加，田颂尧任理事长，邓锡侯、刘存厚任名誉理事长。1946年3月，田颂尧在简阳县选区竞选委员。选举中，田颂尧获得多数票，理应当选，但四川省主席张群来电称：委员未经国民党党部提名者无效。田颂尧愤懑不已，从此对国民党心灰意冷，"二二护国同志会"也就此解散。

1948年以后，蒋介石的败局已定，田颂尧对国民党逐渐丧失信心，但何去何从，仍彷徨不定。这期间，先后有李宗仁、李济深的密使汪竹生、江余生来拉拢田颂尧；中共地下党也通过各种渠道做田颂尧的统战工作。

1949年冬，田颂尧不顾至亲和友人钱大钧、顾祝同、关麟征、黄季陆等人的多次劝告，毅然推掉顾祝同致送的去台湾的4张飞机票，决定留在成都。12月9日，田颂尧随刘文辉、邓锡侯、潘文华在彭县通电起义。12月中旬，田颂尧和孙震、董宋珩等原第29军的高级将领在成都外罗家碾余安民家开会，商讨十六兵团的起义问题，唯有孙震不从，并于12月18日飞往台湾。12月21日，董宋珩遵照田颂尧的建议，率十六兵团在什邡起义。

田颂尧拒绝随国民党顽固派赴台湾，对共产党新生政权高度认同，主动参加起义，对成都和平解放作出了积极贡献。1950年底，田颂尧被任命为西南军政委员会参事室参事，后为四川省人民政府参事室参事，四川省政协委员，并兼民革四川省委和民革中央团结委员。

1958年，田颂尧在成都人民公园参加义务劳动

中华人民共和国成立后，田颂尧受到共产党的保护，土改期间，贺龙派专人将田颂尧接到重庆，并安排他参加了重庆巴县的土改。

田颂尧曾在回顾自己的一生时说："过去做了一些有负人民之事，深感自责，也是人在江湖身不由己，都是制度不好。"因而十分拥护中国共产党的领导。但田颂尧一生也有五大亮点：出身科班、辛亥功臣、荆树家风、公益抗日、起义回归。

1966年春节期间，他对自己的一生作了简单概括，写成长诗一首：

回忆时逾半世纪，丙辰讨袁曾亲历。

川军首战马腿津，捷书护国战史册。

溯前辛亥排满役，早亦参加勉尽力。

组织苏浙学生军，金陵建国旗下列。

过后群魔乱中华，南北纷争起分裂。

大小军阀无善终，庸人打足自搬石。

罢职退居十五年，在野卸肩甘隐逸。

同时增阅进步书，联想大同礼运说。

旧部抗日继起义，慰怀勉尽匹夫责。

1975 年 10 月 25 日，田颂尧在成都病故，享年 87 岁，中共四川省委统战部召开了田颂尧追悼会。

田颂尧戎马一生，征南闯北，岁月蹉跎，人生苦短，有辉煌，有屈辱。作为原川军和国民党高级将领，在军阀割据时期，参加过军阀混战，在国共分裂的特定历史时期，他奉命参与过内战，阻击过红军。但总的来说，他的一生是进步的一生，少年从军参加过辛亥革命、护国战争，闲居后捐款捐物积极支持旧部参加抗日战争，他和他的家

1997 年，田氏家族后人将田颂尧夫妇骨灰葬于磨盘山公墓

族做了大量的公益事业，在国共决战成都的关键时刻，受进步思想影响，能弃暗投明，主动起义，积极参与新中国建设，为中华民族解放和社会主义建设做出了积极的贡献。

巫氏大夫第　光焰昭后人
——洛带客家创业先锋、商界奇才巫作江

　　清朝时期洛带古镇的客家先贤、商界奇才、"巫氏大夫第"主人巫作江先生，是如何来到洛带？如何与外国人合作赚到第一桶金的？又是如何兴办实业，成为成都东门首富的？他发家致富后，又是如何赈灾济民、修桥修路、办学培养人才的？清皇诰赠他"奉直大夫"并赐赠"大夫第"金字横匾是真的吗？"大夫第"现状如何？他的后人怎样？

　　带着人们关心的众多问题和一颗探究的心，2020年4月6日，作者采访了他的第六代后人巫玉萍女士，相约在洛带古镇"巫氏大夫第"见面。

　　当天是周一，满街的人密度很大，原来是清明节放假了。新冠肺炎疫情还没有解除，游客虽戴着口罩，但神情已

洛带客家创业先锋、商界奇才巫作江画像

很松弛。

4月24日，为补充资料，作者再次和巫玉萍相约在大夫第碰头。这次，她把居住在洛带镇能联系上的巫氏9位后人召集在一起喝茶叙家常，有80岁的白发老人，也有穿纸尿裤的婴儿。当天阳光灿烂，古街恢复了疫情前的热闹，游人如织，商家叫卖的吆喝声在空气中穿梭，穿汉服的妙龄女郎艳丽飘逸，着青布长衫的老人缓步慢行。这情景，仿佛穿越到了古代。

古镇涌来客家人

洛带在三国时建镇，传说因蜀汉后主刘禅的玉带落入镇旁的八角井而得名。唐宋时，隶属成都府灵泉县（今龙泉驿区），排名宋代灵泉县三大重镇和明清时期东山"五大场镇"之首。清朝时更名为甑子场，后复原名并沿用至今，是一个千年古镇和历史文化名镇，也是一个商业发达的物流集散地，历来商业繁盛。

镇内90%以上的居民为客家人，至今仍讲客家话，沿袭客家习俗，被誉为"中国西部客家第一镇"。客家人被称为"东方犹太人"，有发达的商业头脑。随着客家人的到来，甑子场的商业又恢复了往日的繁盛，故有"搬不空的甑子场，填不满的成都府"之说。

古镇为何涌来那么多客家人？原来明末清初那场长达60年之久的兵燹之灾，使四川经济遭到几近毁灭的重创，人丁锐减到"阡陌百里，荒无人烟"的境地，从而引发了清初"湖广填川"的大规模移民运动。这场移民运动从康熙三十年（1691 年）到乾隆十年（1745 年），长达 54 年。这也是龙泉驿洛带古镇突然涌来大量客家人的时代背景。二三百年过去了，这场运动为四川引进和留存了 250 余万的客家人，并使其成为我国西部地区客家人最多的省份。成都市龙泉驿区本土人口中大半为客家人，约 30 万之众，客家人那一部部泛黄的家谱无不印证一个事实：他们的先祖来自粤、来自闽、来自赣。

他们迁移时，大多是兄弟亲戚，挈妻携子，结伴而行。在老家，他们基本上没什么财产可带走，但他们知道，这一去四川，今后就再也没有机会回来了。所以，他们带上了曾祖父母、祖父母、父母 3 代的金坛（装骨殖的罐子），移葬到在四川的新家园。

迁入四川洛带的巫姓客家人，经过辛勤劳动，艰苦打拼，逐渐闯出一片新天地。这其中，就有全球客家人的开疆始祖巫罗俊的后裔、本文的主人公巫作江先生。

辗转甑子场经商

巫作江，原名昌，字洪昌，1730 年出生于广东长乐县龙潭角。清雍正十三年（1735 年），年仅 5 岁的巫作江随父亲巫锡伟和叔父巫锡俊自广东五华县入川，定居于永川县王家坪。巫锡伟和夫人吉氏有 6 个儿子，一家生活非常困难。巫作江是巫锡伟 6 个儿子中最有出息的，他幼年时，聪明好学，读书很有天赋，巫锡伟"命之就传受学，亦能日记百余言"，3 岁能背百余首诗词，如果能这么读下去，考个功名应该不是艰难的事情。但是，家庭条件不允许巫作江走读书入仕的路。15岁时，迫于生计，巫作江放弃读书，开始学着做生意。

他徒步往返于重庆、永川、荣昌、隆昌、成都、洛带进行小商品贸易，非常辛苦，却没赚到什么钱，"所谋不遂"。巫作江头脑灵活，在重庆打不开局面，转头瞄准了二叔巫锡俊所在的甑子场。

巫锡俊早年来到洛带甑子场经商，虽然没有大富，但家境还算殷实。巫作江意识到，成都东山商道从汉朝以来就是一条繁荣的"生意之道"，甑子场在成渝商道上是一个非常关键的中转站。

重庆到成都当时有陆路和水路两条商道，出于成本考虑，商人更愿意走水路。货物通过长江转道沱江，沱江离成都最近的节点就在甑子场。货物从沱江五凤溪上岸后，翻越龙泉山，靠人力或畜力先运到甑子场，经过大宗贸易后，再被分散运往成都。所以，甑子场从汉代以来，就是成都东山片区一个繁华的贸易点。

甑子场因所处的地理位置重要，商贸业一向发达，充满了商机。巫作江便到洛带投奔二叔父巫锡俊，跟随叔父一起经商。

巫作江在洛带最初生意做得很艰难。他奔波忙碌在成都双桥子、保和场、西河场、甑子场、简阳等沿线"商道"上。由于他聪明、善良、勤劳，经商有方，生意开始走上正途。他看好甑子场的发展前景，便搬到商道中心甑子场定居。

客家人的到来使古镇人气更旺，大批有生力量参与古镇的建设，使洛带古镇"一街七巷"逐渐成形。主街东西走向，由上街和下街组成，宽约8米，长约1200米，东高西低，石板镶嵌。街衢两边，纵横交错着的北巷子、凤仪巷、槐树巷、江西会馆巷、柴市巷、马槽堰巷和糠市巷等"七巷";客家人修建的广东会馆、湖广会馆、江西会馆（后迁入川北会馆）分布在上街和下街,今保存维护完好;街道两边的古民居已全部改为商铺,店家的吆喝声不绝于耳。客家人创造的招牌美食伤心凉粉、烟熏鹅、毛麻花、天鹅蛋、石磨豆花、艾窝窝等深受游客喜爱,每年接待游客上千万。

目睹眼前的古镇,目光穿透历史的风烟,不难想象出古镇曾经拥有的繁华与辉煌,也能体会到客家先人们筚路蓝缕、开拓跋涉到此落脚生根的巨大艰辛和他们伟大的创造力,以及对洛带经济社会建设发展所做出的特殊贡献。今逢盛世,古镇的繁华尤胜往昔。

成水井坊掌门人

巫作江到甑子场后,犹如龙归大海,商业才干被充分激发出来,生意越做越顺,是东山片区小有名气的商人,财富小有积累。"囊橐颇饶",意气风发。

他觉得钱赚得差不多了,想回家好好孝顺父母,以弥补多年在外无法事亲的遗憾,于是把赚到的钱财"悉载东归"。

巫作江满以为父亲会赞赏自己一番,没想到却受到了狠狠地批评。巫锡伟认为,你如此有才干,为什么不继续打拼? 回来干什么? 家里还有 5 个兄弟,也不缺你一个。巫锡伟叫巫作江仍回甑子场去。

巫作江受命返回甑子场,把心安定下来,"遂一意经营"。此后,巫作江"活计日广,财源日丰",甑子场的人无不景仰称赞。

　　当时，有一个外国人在成都东门大桥附近经营着一家叫"水井坊"的酒厂，由于语言交流有障碍，他默默地观察很久了，看中了巫作江的忠厚诚实品格和经营能力，把川东南一带收购玉米等主要烤酒原料的业务交给了巫作江办理。巫作江也感受到了来自老外的一片善意。

　　一个暴雨连天的夏季，外国老板见原料很快断货，又不见巫作江人影，心中疑惑，便骑了快马，沿商道一路寻找巫作江。他看见的场面是：从西河场至五凤溪码头，巫氏家族连妇孺在内，都在忙着将被突至的暴雨打湿的玉米进行翻晒，巫作江更是取出家中粮囤中的玉米，去替换那些霉变的玉米。当天半夜，玉米被保质保量送到了厂里。外国老板为巫作江的诚信品格和敬业精神大为感动。后来，老板要回国继承祖业，临行前，他拉着巫作江的手托付道："巫，你帮我守好酒厂，如果我两年没回到中国，这个厂子就是我送给你的礼物。"外国老板一去不复返，巫作江边等边独自苦心经营，可老板一直没回来。就这样，巫作江做了水井坊酒厂的掌门人。

　　有人说他捡了个大便宜，可是这个便宜为什么会落到他身上？因为只有他才配得到。老外有一双慧眼，他认定巫作江是一个最诚实守信的中国商人，他愿意把酒厂赠送给他作为奖赏。

　　这是巫作江接到的一个大单，也是他赚到的第一桶金。

　　巫作江便以此为本，勤勤恳恳，精打细算，苦

水井坊酒厂遗址

心经营，使酒厂生意越做越红火，后来又在洛带镇发展了第二个酒厂。据老一辈讲，西南地区都在买他的白酒喝，口碑极好，生意兴隆。

巫作江曾在洛带办酒厂的原址

除了办好酒厂，他还不断跨行开拓进取，先后涉足丝绸、木漆家具、医药等行业，生意越做越大，财富也急速增加，成了远近闻名的成都东门首富。

巫作江脱颖而出，成为人中龙凤，"善岐黄、精五经、更谙经营谋度"，一时间，他在商界的知名度、美誉度无人能敌。他为巫氏家族在洛带的崛起和步入辉煌奠定了重要的物质基础。

东门首富做慈善

巫作江成为成都东门首富后，有了更多的钱怎么办？他首先想到的是购置地产，便在洛带置地2000多亩，几百间房屋商铺，产业遍及洛带下街、双槐村、岐山村一带，以及东山地区的石板滩、龙潭乡和大面铺等。他还在成都市区建了一个巫氏祠堂，旧址在今如是庵街工商银行处。

巫作江勤劳致富，兴家立业，发家致富后，不忘当地乡亲父老，不忘巫氏家族乐善好施的光荣传统和"敦亲睦族爱国爱乡"的宗旨。他带领子孙行善积德，积极投身社会公益慈善事业，大力从事扶贫济困、修桥补路、建寺庙、收集保护文物等活动。如捐资新修了洛带镇桂兰桥和道路；捐资培修了洛带燃灯古寺，为保护佛教文化做出了积极贡献。今洛带镇博物馆所陈列的石碑上，还记载着巫作江捐献银圆2000的碑文。

巫作江内心一直有个功名梦，为弥补辍学的遗憾，他按当时的传统做法进行捐纳。嘉庆庚申年（1800年），巫作江"循例由太学擢贡士"。

1804年和1805年连续两年成都多次闹大旱灾、闹大饥荒和遭受洪灾，致使"千文钱都不能习斗米"的严重情况，巫作江率后裔"首捐八十石，合募捐大米，设厂施济一方"。减少了因饥荒而造成死亡的恶果。"自饥荒后又因多贫，饿死后而无钱不能安葬者"，巫作江率子女出钱、出物、出力，代葬50余具死难者。据传，乾隆微服私访，看到因天灾老百姓死亡无数，唯独成都东山甑子场一带还算太平安宁，询问这是为什么？原来这里有位叫巫作江的富商，在默默地救民于水火之中。

巫作江还四处广揽饱学之士，大兴办学之风，在甑子场修建私学堂，重视人才培育，设置奖学制度，鼓励当地优秀学子一心向学。

巫作江为社会公益事业做出了积极贡献，社会声誉很高。在清朝乾隆、嘉庆年间，巫作江的政治、经济地位已达到了鼎盛时

巫作江曾办学校位置

期，成为四川省的风云人物和西南地区著名的实业家、慈善家。

"奉直大夫"清皇赠

巫作江为当地社会经济的发展、为甑子场工商业的繁荣兴旺、为一方百姓造福做出了重要贡献。嘉庆年间，皇帝为了表彰他的功绩，诰赠巫作江为"奉直大夫"，居文散官五品，其夫人诰赠为"宜人"，并赐"巫氏大夫第"金字横匾。

巫氏后裔从广东五华华城镇迁入重庆荣昌大草坪，再迁重庆永川王家坪。巫作江是入川始祖巫锡伟的第二子、入川第二代客家人，于1745 年迁入洛带，为洛带一世祖，至今已有 275 年，相传 10 代，繁衍了 1000 多人。

他的后裔人才辈出，5 代以内子孙中，有清皇诰授的"奉直大夫"（妻诰赠宜人）2 人、"朝议大夫"（妻诰赠安人）4 人、五品军功 1 个；贡生、庠生、儒林郎（妻诰赠恭人）、举人很多；清朝国学士 11 人，为清政府中央一流文人；四川省级高等学府毕业 10 多人。

1803 年，巫作江去世，享年 74 岁。

回顾巫作江这一生，

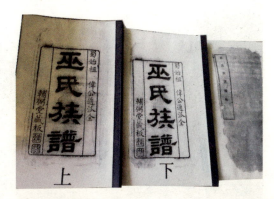

巫氏族谱由民族英雄文天祥、大国学士王十鹏、丞相陈伯康题序

他是成功的、荣耀的。身为中国人，在外国人面前堂堂正正，买卖公平，诚实无欺，代表中国人对外打交道，深受外国同行信赖，是最佳的商业合作伙伴，"诚信"贵如金，他为国人争光；在客家人中，他以"担当"为己任，赚钱之后大做好事善事，开展慈善事业，扶危济困，改善一方百姓的生产生活条件，为客家人增光；在推动地方经济繁荣发展中，他传帮带培养了一众年轻后生活跃在商界，发挥了中流砥柱的作用，为洛带甑子场增光；在巫氏族内，他最讲"孝义"，是核心灵魂人物，为族人增光。

这四重荣光加身，清皇为他加冕"奉直大夫"，乃实至名归。

巫作江被封为"奉直大夫"后，在原址上不断拓展加建，按官职居室定制，逐渐建成规模宏大的府第，也是洛带巫氏家族的祖屋。整座建筑小桥流水，假山假石，古色古香，古朴高雅。"巫氏大夫第"5个金字横匾加挂于大门上，在当时乡村的街镇上显得宏大高贵。

"大夫第"使巫氏成为古镇富甲半条街的旺族大户，人称"巫半截"。

"大夫第"是一种身份的标榜、一个家族历史的显赫。2016 年，"巫氏大夫第"被成都市人民政府命名为"成都市历

洛带古镇下街为传说中的"巫半截"

史建筑"。

沧海桑田时代变迁,后来巫氏家族的 6 个大夫墓被破坏,子女教育受限,家族日渐没落。

"大夫第"前世今生

"巫氏大夫第"位于洛带镇下街 105 号,与湖广会馆隔街相望。大夫第匾额很不起眼,若非刻意寻找,往往会错过。门前小商小贩正在当街营生,左右两侧是宽敞的商铺,生意红火。如今,洛带古镇繁华喧嚣,唯"巫氏大夫第"与之形成鲜明对比,显得沉默而落寞。

原"大夫第"大门临街而立,一楼一底,气势宏伟,门楼底屋分前后门厅,两扇黑漆描金大门,门厅后为第一天井、桥房,第二天井过园山即到小院坝,右边是"辅弼堂"入口朝门,朝门两扇,直接彩绘门神于上,门槛为可卸式,便于车、马、轿直达院坝。大院坝全部铺青石板,院墙高约 6 尺,灰墙青瓦,正中有照壁与堂屋相呼应,形成轴心,整个大院坐南朝北,宽敞明亮。

大夫第天井

洛带下街 105 号大夫第牌匾

大门上有 "大夫第"金字横匾，下有一对威武的石狮子。巫作江进出大门皆骑马。

200 年前，壮年巫作江身着白色长衫，器宇轩昂，骑着高头大马，在青石板街上嘚嘚嘚一溜烟，跑到"巫氏大夫第"大门口"吁"一声停住，两个俊美的少年听到动静，迎出门来，一边一个站在大门石狮子前拍手道："爹爹回来了。"巫作江翻身下马，从怀里掏出两本线装书送给儿子们，欢快地问："你们猜，这一趟爹爹又赚了多少银两？"十万？百万？父子仁手牵手说说笑笑迈进了大门。

后来历经几百年沧桑巨变，1951 年"大夫第"被政府征用，两边修建商铺，大门被挤占，只剩下约 1 米宽的小门。从小门进入大夫第，要穿过一条 10 米长的小巷，曲径通幽，里面一座雕花木门木窗几个套叠四合院，便是仅存的"巫氏大夫第"核心建筑"辅弼堂"。

巫玉萍提着巫氏族谱匆匆来了，她是四川省客家联谊会顾问、海内外巫氏宗亲联谊总会名誉会长、四川会长。

2001 年，巫玉萍到深圳参加一个巫氏恳亲文化活动，在广东巫氏族谱 48 本总谱中，"我查询到了四川巫氏迁徙详细记载，看到上面明明白白地记载着洛带巫作江家族的世系，查到了我爷爷巫成贤和我父亲巫俊明的名字。"直到这时，巫玉萍才确定，她是清朝成都名噪一时的商界奇才、东门首富巫作江第 6 代后人。退休后，她便从青白江移居到洛带，晚年专事收集整理研究巫氏家族资料，接待世界各地前来洛带省亲、参观的巫氏宗亲和媒体记者。她曾在这里接待了国家女子排球队"五连冠"队员、巫氏优秀后人巫丹女士。

巫玉萍和作者在堂屋里麻将桌边坐下，堂屋正中地面上有一块阴刻龙的地板，柱檐下有精美浮雕，她们翻开《巫氏族谱》介绍道：巫氏南迁始祖巫罗俊，是全球客家人的开疆始祖，历史功绩大，唐皇李世民亲赐尚方宝剑，诰封威武侯，荫袭三世。宋朝丞相信国公文天祥对巫氏开疆辟土、筑堡卫民的事迹颇加赞誉，并为巫氏族谱写序如下："世以谱传，而不以像传，能并以传者，必其人勋业著于当时，道德鸣于后世，乃能留其谱与像，巫氏谱像灿然，历千百世而不替。子孙瞻前人之谱像而兴仰止之心者，未之有也。"

"大夫第"建于清乾隆四十四年（1779 年），是至今保存最完好的客家民居的典型代表，距今约 240 年了。"大夫第"坐南朝北，原有 3000 多平方米，房屋 200 余间，其中"辅弼堂"49 间。四周种植 3000 棵相思树（已毁），寓意思念南方家乡之情。

"大夫第"有"老堂屋"和"子祠堂"之分。老堂

大夫第房顶正中有一个"禄"字

屋为总祠，又称"辅弼堂"，是供奉巫氏列祖列宗的殿堂，是巫氏宗亲

祭祀、议事、评理的地方，是接待宾客、举办各种庆典及娱乐活动的场所。老堂屋内、大门上悬挂"后先辉映""惠施桑梓""德寿古稀""辅弼遗风"4块横匾。

"大夫第"建筑风格体现了客家文化传统的宏大气势，细部构造又显素朴典雅之特征。主体建筑有正堂屋，供奉牌位之所在。正堂屋为多层镂空透雕，全部贴金，青砖铺地，顶棚设木板天花，宛若一座金碧辉煌的小型宫殿供宾客或族人议事、休息等使用。

下堂屋，接纳宾客之所在，进入"大夫第"必经大门，在门之右边，立有"泰山石敢当"的镇邪石。下堂屋以及左右花厅、左右客厅、前院坝、左右厢房等是个完整的闭合院落。整座建筑坐北朝南，依中轴线对称布局，分前后两大部分：前部临街多作商铺，用以经商贸易；后部为祖堂和居室等

大夫第堂屋

生活用房。房屋建筑为穿斗式木结构，上盖灰瓦，地铺青砖，雕梁画栋各屋均作六合门，门上施以花边彩绘，花窗多以花鸟、人物故事浮雕装点，除正堂屋立柱为黑色土漆装饰外，其余柱子均为铁红油漆粉饰。天井院坝、过厅走廊、住房客厅均对称分布，紧密相连，错落有致，既有防火防盗、排放污水的功能，又有采光充足，生活方便，造型美观的特点。

"辅弼堂"早年已几乎全部拆毁改建，只能从族谱和巫氏后裔保存的建

筑图样中看到昔日之风貌。

现存的"子祠堂"已是为数不多的、具有代表性的客家民居祠堂建筑。

值得一提的是，自建"大夫第"时就设有学堂，供家族子弟就读，这也是承袭了客家人"耕读为本"的习俗。学堂有校舍5间，课桌30余张。教室内挂有孔子画像，除本族有学问之人担任教师外，也请外姓的先生。教室外专门辟有一块平地作操坝，供学童课余活动。操坝尽头，掘有池塘1亩，一为美化环境，二是消防蓄水，塘之周围竹木茂盛，松柏葱郁。洛带凤仪书院等公学办起后，学童全部转入公学，学堂也就此停办了。

与"辅弼堂"相同，子祠堂北部临街部分，仍是修建铺面，进行各类贸易，这也是巫氏能够成为洛带旺族的有利条件。

后来"大夫第"金字横匾不知何时被盗了，老堂屋大门横匾被面店拿去做案板擀面，"大夫第"被政府征用后做过仓库、敬老院、办过学校。

如今院内设了麻将桌、茶桌，堆了些杂物，显得零乱。感觉这样的场景跟宅院不匹配，有违和感。

故此，巫玉萍怀着一颗急迫的心，想把巫作江的神像塑起来，墓地整修好，把巫氏家族展览室办起来，还希望当地政府在洛带下街109号内的巫氏宗祠（现大夫第隔壁蒲氏豆花店后院）里，开辟一个空间用于巫氏祭祖恳亲、联谊交流、接待海内外巫氏亲人及客家友人。她这几项心愿，希望社会各界能给予支持，将坐落在洛带古镇核心景区内的大夫第及附属的私立学校、烧酒房原址重新打造起来，还原过去整洁、清雅的模样，供游客参观。

青出于蓝胜于蓝

巫作江艰苦创业的精神、宅心仁厚的高尚品质得到继续传承，他的两个儿子继承了他的衣钵。大儿子巫一峰，字山秀，谱名成麟，号云窝；二儿子巫丽峰，字山玉（朗山），谱名成鹏。

巫一峰性格淳厚，"重然诺"（讲诚信），经常急人所急；"状貌雄伟，不苟言笑"；"自幼颖异，读书日诵数百言"。稍大，更是勤奋好学、博览群书、能文能诗，尤其对历史感兴趣，"喜访古迹，如都江堰及附近诸山水，皆有记咏。"他还精通乐器，"家有古琴，时一抚弄，泠泠然有弦外音。"他交往的人大多是当时的雅士，31 岁游泮返乡后，补入贡生。民国《简阳县志》载有他对当地经济、文化等的贡献。1829年，大旱大饥，巫一峰第一个站出来，倡议对灾民"设厂施米"，各地纷纷效仿，有力地安定了民心；1838 年，当地又发生饥馑，米价暴涨，1000 文钱都难买到 1 斗米，很多人被饿死。巫一峰将仓储的米平价出售，一乡皆以依赖。巫一峰和巫丽峰兄弟积极赈灾，巫丽峰第一个捐献大米80 石（大约 9600 斤），救济难民。对那些家境贫穷饿死而无力安葬的，两兄弟捐钱代葬。以后，凡家乡有贫穷而不能埋葬的，他们都捐资代葬。同时还捐钱修路搭桥。当地有一条响洞子河，巫一峰修建桂兰桥，方便乡人来往。后来又修建了朝宗、余庆两座小桥，创建灵芝观、培修燃灯寺，保护洛带文物古迹，搜集整理文物资料等，对社会做出了巨大贡献，人皆颂之。

巫一峰成为"增广廪生"（由公家给以膳食的生员）那年，正准备朝功名拼搏，却接连遭受双亲逝去的打击，身体羸弱，"遂绝意科场"，后来以加捐的方式成为贡生。

晚年时，巫一峰在甄子场西边修了一个小园子，取名为集益山房，藏着他收集到的各种名家字画，还有数万卷书籍。

道光庚子年（1840年），巫一峰去世，享年71岁。他著有《日新录》及《字府精萃》四卷，可惜没有整理出来得以传世。他有10个儿子7个女儿，后裔繁茂。如今巫氏大夫第的巫氏族人，大多是巫一峰的后人。

巫丽峰比巫一峰乐善好施的力度更大，他身上的江湖气息要浓一些，经常出面打抱不平，不仅对官府的盘剥说"不"，遇到"豪强凌弱，则出身排难"，对惹上官司的人，也出面周旋，保护弱者。谁找他借钱，都会答应，别人不能如期还债，他也不去催促。至于日常接济他人，巫丽峰做得就更多了，直到临终时，巫丽峰还谆谆教导后人要多多行善。

巫丽峰在读书上比巫一峰发展得更好，当上了贡生。为了接续家族事业，他只得"暂停应试而辅理家政"。他继承了巫作江的商业奇才基因，生意做得比巫作江还好，而且商业头脑灵活，不断购置庄田，远远超过了巫作江的成就。

巫丽峰后来也通过捐纳的方式，被清政府诰赠为奉直大夫，级别比巫作江更高，是"州同加二级"，从四品官阶。道光癸卯年（1843年），巫丽峰去世，享年70岁。巫丽峰有3个儿子，其中大儿子巫育柯被敕赠为儒林郎，从六品文散官。

在今龙泉驿区博物馆的"碑廊"内，还陈列有数通由一峰丽峰兄弟出资或撰书的碑刻。

孝义家风代代传

这个农转商的巫氏家族，为什么出了这么多文武人才？从《巫氏族谱》中，我们或许能探究到一些奥秘。

中国古代讲究"耕读传家"，这也是许多大家族的家风、家训，巫氏家族也不例外。

"万般皆下品，唯有读书高。"尽管这句老话曾饱受诟病，但在古代，这是底层百姓出人头地最为靠谱的一种方式。即使在现在，我们也可以解读为"知识改变命运"，其积极意义不容忽视。

虽然巫锡伟、巫作江皆因生活所迫放弃学业，但巫作江在建立自己的商业小王国后，仍不忘功名。他被诰赠为奉直大夫，就是在以自己的努力，告慰在功名路上失利的祖父和父亲，并为后世子孙博取功名指明了方向。

巫丽峰操持家族事务后，修建了书房，开办私学，专门聘请老师教巫家和来自永川老家的子弟读书，永川的子弟一概免费吃住。这样的举措，对巫氏家族后世人才源源不断提供了保障。

此外，中国古代非常看重的"孝义"，在巫氏家族的发展中，也起到了至关重要的作用。

先说"孝"。在《巫氏族谱》中，"孝"贯穿了始终。巫锡伟对父母的孝，前面已经说过。在巫作江身上，体现得也很充分。巫作江在甑子场打拼 10 多年，赚了一大笔钱，就想回到永川老家去奉养父母。对巫作江的"孝"，巫锡伟给出了新的解读。巫锡伟认为，好男儿志在四方，尽孝不必在膝下。所以，他叫巫作江回到甑子场，继续发展自己的事业。

听到别人夸奖巫作江后，巫锡伟高兴地说："吾有此子，虽异地，不啻同堂。"

尽管没在父母身边尽孝，但每逢春节，巫作江都尽量回永川与父母团聚，实在抽不出身，就叫儿子去，从来不敢因为还有 5 个兄弟奉养父母而为自己找不尽孝的借口。

巫锡伟去世后，巫作江赶回永川奔丧，"哀毁骨立"。母亲吉氏接着去世后，巫作江"号泣至不能说话"。他经常跟身边人谈及父母的艰苦，为自己没在父母身边尽孝而"流涕呜咽"。

巫一峰也是大孝子，巫作江去世时，正踌躇满志准备考取功名的他，"哀毁骨立"，还没从悲痛中缓过气来，母亲黄氏接着去世，使得他"体益羸"，最终被迫放弃学业。

再说"义"。"义"具体到巫氏家族身上，可以理解为乐善好施。

巫作江艰难起家，深知底层人打拼不易。遇到因缺资金而事业受阻的人，他会给予资助；家庭贫困的，他会给予接济；每到年底，他会拿出一笔钱来分给邻友。更难得可贵的是，他经常"代人积贮"（相当于现在的代客理财），赚了很多，自己却"毫不入私"。

巫作江的"义"，使得他广结人缘，由此惠及商贸，形成良性循环，并深深地影响了两个儿子。在这方面，巫一峰、巫丽峰做得比巫作江更好。

巫作江洛带后人（四辈）合影

到了后来，因为各种原因，巫氏家族慢慢衰落，巫作江建立的巫氏商业王朝逐渐褪去繁华，现存的巫氏大夫第成了那段辉煌历史的见证者。

巫玉萍说，她的祖父巫成贤，清朝大学士，20世纪20年代从洛带下街天元堂巫氏宗祠迁成都市青羊区线香街64号（今冠城广场）开医馆，是成都著名的中医、爱国人士，还将两个儿子送去当兵。大伯巫士明为北伐军人，随部队转新四军成为军官后一直住在贵阳，中华人民共和国成立后回到成都，女儿巫玉凤，现居龙泉驿。父亲巫俊明，1936年黄埔军校学习，抗战爆发后，到国民党军委会中国远征军驻滇干训团毕业，长驻昆明，高级军官，母亲随军，中华人民共和国成立后回到成都，有仨子女，巫玉兰、巫玉萍、巫云初。

巫作江后人还有：北京巫盈旷，曾在我国驻外大使馆任法文秘书，后在外交部工作退休；成都巫绍成，从洛带当兵转成都市建委，任党委副书记退休；巫盈希，成都国企107信箱高级工程师退休。巫盈平、巫家其2人是洛带私企老板。

巫作江家族史是一部勤奋好学、艰苦奋斗、开拓进取的发展史，其保家卫国的民族精神、开疆辟土的开拓精神、为国为民的爱国精神、勤奋好学的进取精神、艰苦奋斗的创业精神，任何时代都值得提倡和发扬。

巫作江后人融入世界客家人中

丈夫当为国　破敌如摧山
——一品将军颜朝斌

　　在龙泉驿区工会俱乐部处，曾经有一处清代小四合院，被人们称为"一品栈"，后改为"一品阁"，因此屋出了一位清朝著名的一品名将而得名，这便是"建威将军"颜朝斌的故居。

　　颜朝斌（1795—1879 年），字相廷，祖籍山东曲阜，清朝名将，龙泉街道东街人，自幼习文练武，曾跟随"中兴四大名臣"之一的胡林翼转战贵州、浙江、江西、重庆、湖南、湖北等地，做过遵义总兵、湖北提督，因战功赫赫，清朝廷特诏赏戴头品顶戴，赐号"建威将军"，从一品武官（相当于现副国级），三代一品官爵，同时赐赠金银珍宝。

清代一品建威将军颜朝斌画像

五品父亲清廉苦　　乡贤资助度童年

说到颜朝斌，不得不提及他的父亲颜克让。嘉庆年间，颜克让任简州知事（正五品），相当于现在的地级市市长。当时的简州，经过百余年的客家移民，户籍数仍然不足2万，总人口仅9万多。颜克让履新后，努力发展农业生产，并继续引入外来人口，在短短几年间，将户籍人口增加到7万多人，总人数逼近26万，简州城也因此日趋热闹繁华。遗憾的是，颜克让积劳成疾，于嘉庆十一年（1806年）因病去世，享年不到40岁。

颜克让去世后，家里穷得连下葬的银钱都没有。当地绅士乡贤们听闻后，无不为之动容，他们决定赠送坟地安葬颜克让，并在简州今龙泉驿上街朱家巷购置一处房屋，赠送给他的妻子余氏一家人居住（现龙泉街道兴隆步行街区工会俱乐部）。

颜克让在任时，励精图治，体恤民情，行事清廉，与民同甘共苦，

颜朝斌故居龙泉驿上街朱家巷老照片

深受百姓爱戴，被朝廷颂赞为典型的清官代表。他为官做人的品德也陶染着整个家庭，颜克让的妻子余氏恪守妇道，处世知书达礼，与邻里和睦相处，特别是对子女言传身教，成为当地优良家风的传世典范。

后来，颜克让的母亲安氏夫人、妻子余氏夫人，以及弟媳方太太夫人相继过世，均葬在龙泉乡果园村（今仰天窝）。每逢清明时节，当地的许多老百姓都会自发去烧香祭拜，表达对颜克让及家人的景仰之情。颜氏家族可歌可泣的事迹代代相传，流传至今。

颜朝斌出生在乾隆在位的最后一年，父亲为其取名"斌"，即文武双全之意，可见他对儿子的期望极高。父亲去世后的第五个年头，颜朝斌16岁，他随母亲迁至龙泉驿上街朱家巷绅士乡贤们赠送的房子居住。虽然家境清贫，但母亲余氏夫人深知教育孩子的重要性，每天亲自教授颜朝斌习读四书五经，以及做人处世的道理。

颜朝斌故居—品阁旧址（现龙泉驿区工会俱乐部）

偶遇贵人得兵书　　立下从军报国志

关于少年时代的颜朝斌，留下的可考史料几乎没有，但民间流传着他在魁星阁得到半部兵书的故事。

话说颜朝斌从小天性好动，有一天，趁母亲出门办事，他丢下毛笔，一个人跑到离家约半公里远的魁星阁（今龙泉中街老房管局处）玩耍，见大殿供奉着魁星神，魁星神金鸡独立、赤发环眼、头长双角，可谓奇丑无比。侧墙立有碑，字体苍古，形如蝌蚪。他看得双目困涩，也没找到一个认识的字，索性靠在墙边睡大觉。等他醒来时，有人正站在他面前说：小小年纪，居然逃学！该打！

颜朝斌定睛一瞧，是位老人，蓬头大眼，龇牙咧嘴，而且踮着左脚尖，像极了魁星神像。

颜朝斌辨不出对方是人是鬼，吓得拔腿就跑。老头拽住他说，既然敢来，就得说清楚来此何干。颜朝斌眼睛一转，答道，听说这里有块碑，我来瞧瞧写的什么。老头捋捋胡须，笑道，那你讲来听听？颜朝斌一下愣住了，直摇头说，这些字我阿娘没教过，我不会念。老头问，那你会什么呢？颜朝斌说，我喜欢打架，不，是打仗，跟伙伴玩游戏，我都是当大将军。老头听后哈哈大笑，将军可不是那么好当的，不光要会识字，还得懂兵法。又说，你我有缘相会，也是天意，看你双目明亮，是个有慧根之人，我收藏了一本兵书，你若能识出碑上的字，我就送你学习。

颜朝斌回到家后，立刻向母亲讨教碑字的识法。他一心想得到兵书，母亲在教他的时候，他非常用心去记忆，终于知道了那碑叫禹书碑，记载的是大禹治水的故事。老头听后，果然送他一本兵书，叫《练兵实纪》，由明朝著名军事家、抗倭英雄戚继光所著。

颜朝斌被此书深深吸引，在母亲的指导下，他每日熬夜细读精研，却发现兵书残缺，仅有半部。于是，颜朝斌多次到魁星阁去找老头，但始终不见人影。后来他打听到，那位老人早年当过兵，打仗伤了脚，退役后便在魁星阁守门，打扫卫生，前段时间因年事已高，回老家去了。

颜朝斌虽扑了个空，但对兵家之事有了浓厚兴趣。母亲见他对兵书如此痴迷，又让他学习《孙子兵法》等书，还将他送到武师班练习武艺。

过了一段时间，颜朝斌为了实现儿时的梦想，投笔从戎的愿望愈加强烈，他决定入伍从军，从此开始了他漫长的军旅生涯。

民国时期的魁星阁

他少年时代的学习经历和对兵法的热爱，为他后来四处征战，立下赫赫战功和报效国家打下了坚实的基础。

南征北战建奇功　军事才能初显露

嘉庆年间（1796—1820年），正值清朝混乱时期，各地农民起义运动风起云涌。苗族和白莲教起义虽然被镇压下去了，但各地仍有不少小规模的反清组织存在。因此，青年时代的颜朝斌从军后，参加过许多大小规模的剿匪灭寇活动。

有一次，颜朝斌所在的部队行进到四川凉山一带，遭山贼草寇袭扰，身为普通士兵的颜朝斌，被上司派出去摸底打探贼寇消息。

颜朝斌遇事冷静，善动脑筋，他从当地村民那里得知，贼寇的老巢在大山的东南面，那里地形复杂，便于隐蔽，且易守难攻，前山口只是他们的一处营地，便于对外打劫。颜朝斌通过多日蹲点守候，了解到了贼寇的活动规律后，他进一步探究山形地貌，拟定出一个作战方案，报给了上司，得到了上司的高度认可，他还主动请缨，参加突击行动。

在了解到贼寇往返老巢要沿山涧小河逆流而上的情况后，颜朝斌给上司的建议是：堵塞河道形成小堰塞湖，阻断贼寇返回老巢的路，把敌人挡在外面，使之无法向山里逃窜。然后先遣部队利用阴雨天，连夜对河段进行堵截，等待大雨来临，堰塞湖就会很快形成，万事俱备后，部队向敌营发动进攻。

果然，第二天连降大雨，小型堰塞湖很快形成，匪寇被堰塞湖截断退路，部队立即向匪寇发起了猛烈进攻，匪寇很快败下阵来，大部分敌人被俘虏，沉重打击了匪寇的嚣张气焰。颜朝斌也因此战立下战功，得到了上司的嘉奖。

后来，颜朝斌多次参与剿匪行动，立下赫赫战功，被部队提升为把总（七品基层军官），这是他从军以来获得的第一个官职，实现了由一名普通士兵向指挥军官的华丽转身。

嘉庆二十五年（1820 年），新疆伊斯兰教白山派首领张格尔，在英国侵略势力的支持下，对抗朝廷，发动叛乱，持续数年，至道光五年(1825 年)，仍未平息。朝廷派陕甘总督鄂山进行围剿，鄂山向朝廷立下军令状，誓要消灭叛乱集团。颜朝斌随鄂山率领的部队进入新疆，他深知这次出兵的重要意义，积极协助鄂山在吐鲁番、库车设置粮台，增加兵丁口粮、兴造军火器械、办理雇用商民车辆等众多事宜。不久，他随清军参加了柯尔坪之战和喀什噶尔之战两大战役，清军大获全胜，收回南疆 4 城。

三年后，颜朝斌转战浙江，再立奇功，提升为千总（六品基层军官），被授予城守左营守备。

道光十三年（1833 年），四川越巂（今西昌东南）等处的少数民族乱匪发动叛乱，颜朝斌再次跟着四川总督兼署成都将军的鄂山，赴边境参与镇压。颜朝斌留在鄂山身边，辅佐军队管理，兼任捕差，严查吸食鸦片的官员、商客等，并勇败唐五扎刀，率千军标任左营都司（四品军官）。

追随部队南征北战，颜朝斌的军事才能得到了很好的发挥，官职升至四品，在大清军队里也渐渐崭露头角。

鸦片战争遭失利　　壮志难酬多磨砺

道光十九年（1840 年）6 月，第一次鸦片战争爆发，清朝军队与英军的多次谈判和战况均十分不利。次年 9 月，广东方面，奕山宣布投降而暂时停战。但随着湖南、云南等省的援军逐渐撤回，战火复燃，继续往北烧到福建和浙江一带。

道光二十年（1841 年）10 月 6 日，英军占领了福建厦门后，又攻陷浙江定海，引起了清朝廷的再次恐慌。朝廷命令四川总督宝兴在全省挑选 2000 名精兵强将，立即开赴浙江迎战，颜朝斌也随大部队前往浙江驻扎，听候差遣。同年 11 月 15 日，由于江苏海口需要兵力防守，颜朝斌一行刚到达浙江定海，尚未来得及休整，便立即被调往江苏，沿着长江布设防线。

道光二十一年（1842 年）1 月，浙江战事吃紧，颜朝斌率部队赶了两个半月的路，终于抵达浙江绍兴，听令于贵州总兵段永福的命令，迅速与在绍兴的曹娥江展开战斗。颜朝斌采取六路进攻，两路策应之计，准备夺回宁波。3 月 10 日，颜朝斌率部抵达宁波西门，见城边火起，听见城内有喊杀声，随从的各路军队顿时争先恐后，奋不顾身爬上城墙，向城门攻进，

1842 年 3 月，清军与英军宁波之战

城门很快被攻破。部队进城之后，却发现城内街道狭窄，两边全是楼房，英军士兵从楼上抛下火球，射下火箭，川军士兵无处躲避，战斗到天明，不得不退出，牺牲了不少将士。

在出川对英抗战中，经过几次突击战后，颜朝斌对战争进行了梳理，清晰地意识到本次战争难以取胜的原因是多方面的：调兵来自不同的省份，各路队伍之间没有磨合和协调，兵不识将，将不识兵，战斗中配合不默契；对英军的情况完全不了解，不知己更不知彼；川军一路疲于奔

命，广东战事稍息，又赶往浙江，这个仗是没法打的。鉴于此，颜朝斌每次奉命出征，特别注重撤退方案的制定，也因此好几次逃过英军毁灭性打击，避免了不必要的损失。

战争结束后，颜朝斌带领所辖部队撤回四川，旅费缺乏，朝廷仅给每人配了半个月口粮，经过每个驿站发饷钱一百文，作为返籍资助，这一路来回实在艰辛。不过，虽然援战失利，川军将士壮志难酬，但颜朝斌率领的部队奉命出川抗英，所表现出来的不畏强暴、机智勇敢、决战到底的决心和勇气，为大清朝廷看重。对于颜朝斌本人来说，他的谋略和机智受到了高级将领的关注，这次战役也成为他军事生涯的一次重要经历。

智擒啯噜大首领　铲除地方黑势力

清代雍正末、乾隆初年间，一批外来移民与蜀地的游民相互勾结，缔结成武装抢劫集团，他们以贩卖私盐、走私鸦片、占领码头、抢劫勒索等方式谋生，老百姓称之为"啯噜子"。啯噜势力日益壮大，十人一队百人一伙，遍及四川城乡，每处地方团伙的首领称为"老帽"或"帽顶"，他们还在陕南、湘鄂西、贵州、云南等地活动，成为各地难以根除的黑社会组织。到了咸丰初年，该组织初步演变为"哥老会"，根深蒂固地存在于清朝社会中，成为社会的一颗毒瘤。

道光年间，湖南、湖北等省向四川运输货物，每次都需要聘请大量纤夫作为劳工。但是，船只一旦到达目的地，纤夫们就被遣散，他们很快衣食无着落，为了生计，不少人去当啯噜。这一来，啯噜势力再次猖獗，在白天也横行施暴，杀伤无辜百姓，甚至抢夺奸杀妇女。这种乱象，大清王朝岂能容忍。道光二十七年（1847年），朝廷决意下重手打黑除恶，以平息民怨，这个任务落到了颜朝斌身上。

当时，颜朝斌任四川清军千军标任左营都司，掌管着一方军政，他深知啯噜组织很分散，各群之间的联系不多，游移性和隐蔽性都很强，千万不可大张旗鼓地剿杀他们，否则会打草惊蛇，让自己处于被动局面。颜朝斌仍用打游击的策略，不动声色地调查摸底。很快，他听说有个姓肖的老帽，在啯噜势力中很有影响力和号召力，但此人狡猾，听到风声后就销声匿迹，只在暗中发号施令，对抗清军剿杀。

擒贼先擒王，颜朝斌将肖帽顶锁定为头号缉拿对象。他要求各地知州、县令聘请线人，秘密调查他的行踪，同时调遣军队，加强各县关口的审查。遗憾的是肖帽顶的行踪一直未搜查到，随后颜朝斌公开抓获了几处小组织，惊动了啯噜组织，啯噜们纷纷转入地下活动，作奸犯科更加隐秘。

一段时间后，某地知县程祖澜报告说，已获知肖帽顶的藏匿之处。颜朝斌立刻派兵出击，对目标之地进行了封堵。1847年7月6日，所有部署就绪，颜朝斌亲率大部队搜捕，成功抓获肖帽顶及他的核心团伙。

这次的成功出击，很大程度上消减了啯噜势力的嚣张气焰，缓解了官民矛盾，保持了社会稳定。都司颜朝斌也因此被赏蓝翎顶戴，知县程祖澜也升了官。没过多久，朝廷因颜朝斌丰富的游击作战经验，将其升任为重庆中营游击，驻军统领重庆沿边与要地，成为镇守边区的统兵官（秩从三品，中级军官）。

平息叛乱立功名　　淡泊名利解铠甲

颜朝斌作为清朝朝廷的一名军官，一生南征北战，立下过战功无数，但在当时特定的历史条件下，对于清朝廷来说，他最大的功绩是协助朝廷平息了太平天国运动。

咸丰皇帝即位不久，太平天国运动爆发。咸丰四年（1854 年），太平军势如破竹，大有颠覆大清王朝之势，颜朝斌便跟随胡林翼立即驰援湖北。当时，杨霈授任湖广巡抚，命令颜朝斌负责总督湖南、湖北，佩左翼长印，兼统旗兵 3 个营为前锋，在湖北沌口（今武汉沌口经济技术开发区）

1854 年，太平天国运动爆发

激战了 7 昼夜，但战况不利，部队退至武昌，被敌军重重包围，士兵粮饷俱尽，参战将士士气低落。

危急之时，后营军官来报说，在修筑工事的时候，掘得银钱 30 余万两。颜朝斌把银钱全部用作湘军士兵军饷，部队士气为之大振。但因巡抚杨霈战略失策，导致太平军陈玉成部西进，在广济击溃清军万余人，杨霈因此被撤职。

1855 年 4 月，在湘军作战连连失利的情况下，胡林翼受命署理湖北巡抚，颜朝斌更是深受重用。他遵照胡林翼的指示，开始选将练兵、

晚清中兴名臣、湖北巡抚胡林翼

整顿部队。5月，颜朝斌率部逼近武昌城外，攻打武昌的沙洲，同时出动水陆师合攻武昌。遗憾的是，战况仍然不乐观，颜朝斌被迫退回金口老营。9月12日，他又被太平军兵分六路逼退至挲山。此时，军队欠饷太多，士兵无心作战，纷纷溃散。

战争进入困局，胡林翼十分焦急。颜朝斌经请示胡的同意，开始裁撤淘汰旧勇士，招募新勇士3000余人，并调遣湘军自江西来援战。经过共同努力，他们连占通城、崇阳，攻下蒲圻，击败太平军韦俊、石达开部，收复咸宁城。颜朝斌率部乘胜迫击，进攻武昌，连续在多次战役中获捷。1856年4月6日，武昌太平军因援兵开到，对清军展开了大包围。颜朝斌冷静应对，深浚长濠，严密组织，围困武昌城大半年，年底12月，武昌城被围日久，外援渐绝，粮食、弹药均已匮乏，加之洪秀全将韦昌辉处死，武昌城太平军主要守将韦俊深害怕受到株连，已无心再守。19日夜，汉阳太平军撤出，颜朝斌率部趁机反攻，一举大获全胜。至此，经过一年多的艰苦战斗，终于夺回了武昌城。

武昌战役胜利后，湘军迎接颜朝斌进入省城，任命他为湖南常德副将，赏孔雀翎，署湖北督中副将，统军复德安、安陆诸郡县。湘军在危急之时，颜朝斌曾相助解危，湘军不胜感激，他笑着说："同道之义，何谢之。"

因颜朝斌在武昌战役有功，没多久，升任贵州遵义镇总兵（相当于现军长级别），赏伊克期巴图鲁勇号。

咸丰八年（1858 年），在江南安庆争夺战中，胡林翼向颜朝斌讨要阵守湖南、湖北的良策。颜朝斌向他提出建议：扼黄州、守襄阳，则可防患，财富之区不糜烂，根本之地不动摇。胡林翼欣然听之，但是湘军的将领没有采纳，导致江南失守，震惊朝廷。

咸丰九年（1859 年），朝廷特下旨，任命颜朝斌为湖北提督，赐名号建威将军。他率军进驻襄阳，三次击退洪秀全的强力围攻，并于 1861 年 9 月 5 日攻陷安庆，夺回失守之地，取得了战斗的决定性胜利。

因征战有功，深得朝廷赏识，颜朝斌被赏戴头品顶戴，三代一品封典（官阶荣誉，相当于现副国级），同时获赠金银宝物无数，他的军旅生涯就此到达顶峰。

颜朝斌奉清朝廷命令，参与镇压太平天国运动，加速了太平天国运动的失败，有一定的历史局限性。因太平天国运动是一场反帝反封建的农民运动，颜朝斌在他的戎马生涯中，也留下了历史遗憾。

颜朝斌从军 30 余年，战功卓著，清廉礼让，慈祥戒杀，深得人心。平息太平天国运动后，他年事已高，对战争心生厌倦，看淡名利，放弃城市的优越生活，主动要求回原籍乡下居住。

颜朝斌是从龙泉驿走出的一品官员，也是龙泉驿历史上最大的武官，其故居被后人称为"一品栈"，后改为"一品阁"，后来在旧城改造中被毁。

光绪五年（1890 年），颜朝斌在故里寿终正寝，享年 84 岁。

家风家规代代传　子孙后代皆有为

颜朝斌虽是武官，但十分重视后代的教育，要求子孙以读书为第一要务。他常说："一袭蓝衫胜武职"，后人多有出息。儿子颜海飏，曾任安徽凤台县令、亳州知州；孙子颜辑祜，做过河南固始知县；曾孙颜楷，则为清末翰林。

颜海飏，颜朝斌之子，于光绪十七年（1877年）任安徽凤台知县，后来做过亳州知州。他在凤台县时，亲题县衙文联："文章醉我不关酒，富贵骄人不在心。"意思是：能醉我心的，不是酒而是好文章；人的骄奢，并非人的天性，而是富贵后生出的恶习。由此可见，颜海飏是一位非常注重文化和道德修养的清廉之官。

颜海飏的另一题联是关于慰农亭的。慰农亭面对淮河，临崖而立，原为禹王亭，筑于嘉庆年间。据《凤台县志》记载，颜海飏上任后，对亭子进行了整修，并改为慰农亭，以供游人栖憩。颜海飏在亭子的两个正柱上亲题楹联一副："选胜值公余，看淮水安澜，硖石拱秀；系怀在民隐，愿春耕恒足，秋稼丰登。"亭额与楹联到今天依旧留存，说明颜海飏及其后人是深得百姓和朝廷认可的世家，否则，按照官场规则，这些题词在大清王朝年间是不会一直留存的。

此外，在凤台县山口村，至今仍传说着颜海飏治灾的民间故事。话说颜海飏任职凤台知县期间，有一年当地遇大旱，长此下去，庄稼将全部旱死。颜海飏听当地百姓说，如果到摩崖石上去刷神字，必定会降大雨。为解救老百姓的苦忧，颜县令马上脱下官服，换上草鞋，身穿蓑衣，

摆下供品香案，打着锣鼓，
烧香放炮，亲自带领下属
官员、差人，租下民船，
到摩崖石下，跪下磕头，
默默祷告："龙王爷、大
王爷，过往的大小神仙，
你们显显灵，三天之内下
个雨，让我县百姓免受干

安徽凤台县山口村慰农亭

旱之苦，让民众有个好收成。"祷告之后，起身到山崖去刷神字。结果，
在他回县衙的半路上，竟真的下起大雨。颜县令当即跪在雨中，感恩上
天显灵，之后他组织翻修了禹王亭，并改名为"慰农亭"。

传说故事虽有些神奇，但也能看出颜海飓具有心系天下、情系百姓
的公仆情怀，有一颗为民请愿、为民办事的赤子之心，深受当地百姓拥
戴，为民壮举流芳百世。

颜辑祜，字伯琴，颜朝斌之孙，颜海飓之子，曾任河南固始知县。
青年时代的颜辑祜与易石甫、严雁峰作为院外生，从师清朝著名学者王
壬秋，每天坚持习读经史、小学辞章，尤其重视通读经书。他们一起学
习的3人学成后各有所成，其中，易石甫成为清朝末期的文化名人，严
雁峰则为著名的藏书家，颜辑祜亦是公认的饱学之士。

颜辑祜平生喜好结交四海的文人志士，且乐于帮助朋友。与"戊戌
变法六君子"中的杨锐、刘光交谊颇深；跟四川总督赵尔丰很有交情，
曾通过赵尔丰，帮助尹昌衡任职军事编译局总办；和清末著名学者、经

济学家、书法家吴之英是挚友，让儿子颜楷拜其为师。颜辑祜本人的修为，以及他广泛的社交圈，给他儿子颜楷的成长提供了良好的平台。

颜楷，生于光绪十六年（1877年）6月4日，四川华阳人。年少时，他的文章和书法，令晚清政治家、军机大臣翁同龢惊叹。在成都人民公园，有座建于1913年的辛亥秋保路死事纪念碑，碑上的题字，便是颜楷的手笔。他的字凝练刚劲、浑厚雄放，自成一家。

颜楷父子二人和四川籍维新派人士刘光第、杨锐交往很深。"戊戌变法"失败后，颜楷目睹六君子悲壮就义，不禁放声大哭，回到家悲愤交激，几近精神失常。随后，颜楷参加了中国最后一次科举考试，中了进士，第二年赴日本东京学习法政，学成回国后供职翰林院，授编修加侍讲。宣统元年（1909年），颜楷出任广西巡抚衙门总文案，创办了法政学堂、监狱学堂，并亲任监督。

四川保路运动集会

宣统三年（1911年）5月，颜楷从广西回成都度婚期，时逢川汉铁路公司股东代表1000余人在成都召开大会，反对清政府与英、美、法、德4国银行团签订修路借款合同。颜楷通晓法律，群众威望较高，亲友耆绅以及股东代表纷纷争取他加入川汉铁路公司股东会，选他为会长，成为四川保路运动的领袖之一。

8月24日，"破约保路"发展至成都全城罢市、罢课，四川总督赵尔丰约见颜楷，要求开市。颜楷与赵尔丰当面争执，阐述"文明争路"的道理。9月7日，四川督署通知股东会负责人开会，将颜楷、张澜等人诱捕。群众闻讯赶来，到督院请愿，赵尔丰下令开枪，酿成"成都血案"。

武昌起义爆发以后，清政府颁布"上谕"，将赵尔丰革职论处，颜楷才得以获释，被羁押时间共2个月零9天。

民国建立后，颜楷任四川法政学堂校长，民国七年（1918年）辞职后回乡归隐。从此，他以卖字维生，讲求清心寡欲。

辛亥革命后，他的妹夫尹昌衡出任四川都督，数度请他出任宣慰使，他力辞不就。尹昌衡处决前川督赵尔丰，颜楷坚决反对株连家属，并将赵尔丰的孙儿收养在家，后送回北京交赵尔巽抚育。

纵观颜楷的一生，他青年时期主张变法维新，追求进步；中年之时，与世无争；到晚年，慎独静思。1927年3月7日，颜楷在成都病逝，终年50岁。他的才识和生平事迹，获得世人高度评价和赞誉。

星垂平野阔 月涌大江流
——天文学家、易学家、"木王星"推定者刘子华

著名天文学家、易学家刘子华

刘子华（1899—1992年），简阳县甑子场（现龙泉驿区洛带镇）人，天文学家、易学家，有"东方哥白尼"之称。他潜心研究揭示宇宙天体奥妙的天文学，运用易学八卦原理结合天文参数计算，推测出太阳系存在第十大行星，是天文学上一种新的理论假设。这是中国科学家在当时历史条件下做出的震惊世界的伟大贡献。

小镇诞生"东方哥白尼"

诞生在成都市龙泉驿区洛带古镇江西桥的刘子华，成长为一位震惊世界的著名天文学家——刘子华在中国虽不太知名，但在西方却是与哥白尼齐名的大科学家，被称为"东方哥白尼"。

1998年，"刘子华学术研究会"在其家乡龙泉驿区洛带镇成立，镇上建有一条以刘子华名字命名的"子华街"。简阳市也成立了刘子华学术研究会，建立了纪念馆，并在雄州简阳"名人与川空广场"为其树立了雕像。

1999年10月23日，刘子华诞辰100周年纪念活动在洛带镇隆重举行。同时，刘子华汉白玉塑像在龙泉驿桃花沟长松寺陵园揭幕。

2000年，首届刘子华学术思想国际研讨会在洛带镇举行。

现在洛带镇正在筹建刘子华纪念馆，游客将有机会目睹这位"东方哥白尼"大科学家的风采。

著名天文学家刘子华塑像

只身赴法国勤工俭学

刘子华祖籍为广东五华县，祖辈清乾隆年间移民入川，世居洛带古镇，自幼家境贫困，年幼时被父亲送到成都九龙巷一家缝衣店当学徒，后被外祖母送去读私塾，随后投奔姑父，在简阳中学当旁听生，主要学习英语。

1918 年 3 月，刘子华凭借扎实的英语功底，考进了中国留法勤工俭学总会成都分会预备学校，师从冯元勋先生。1919 年 6 月，他以第四名的优异成绩获得去法国勤工俭学的 400 元旅费资助，同邓小平、陈毅、李富春、李维汉、王若飞、蔡和森等（含部分自费生）162 人一起赴法国勤工俭学。

赴法勤工俭学期间，刘子华到梭海尔汽车厂当钳工，工作条件十分艰苦，经历不少坎坷和磨难。后来，转到雷洛汽车厂当磨工，工作条件依然恶劣。5 年后，他到私人医院当护士，再到一家漆器厂做漆工。白天做工，晚上到夜校补习法语。1926 年 6 月，刘子华从巴黎大学医学院预科转为正科学习，陆续取得了 8 门课程结业证书。

一日，刘子华看到《巴黎晨报》登出一则题为"全欧各大学青年

青年时期的刘子华

如何能助成世界联邦之实现"的征文启事，当即写出一篇应征文稿，这篇水平极高的文稿得到爱因斯坦的认可，最后获得"特等荣誉奖"。由此，刘子华名震巴黎，大受崇敬。

他师从居里夫人、爱因斯坦、柏格森等世界级大师。在法国留学长达 26 年之久，进过 8 所学校，最后于 1940 年毕业于巴黎大学，获文学博士学位。

用《易经》八卦研究天文

刘子华早年酷爱医学、化学、哲学，继而潜心于研究揭示宇宙天体奥妙的天文学，博览群书，如痴如醉。在一次很偶然的情况下，刘子华去听一个学术讲座，老师讲"天体宇宙"，提到一部叫《宇宙科学》的书，说这本书虽然是法国人编的，但资料来自中国。

刘子华对此十分感兴趣，讲座一结束，便立即到法国图书馆去查阅，接着对《易经》反复钻研和琢磨。

本来志趣学医的刘子华，由此开始深入钻研《易经》，将《易经》八卦卦爻的组合和演变规律带进生理学、生物学、医学、物理学、化学、数学以及哲学等各个领域进行考查。在深研过程中，他对八卦的认识由浅入深，进而概括出：八卦为中国古代特有的一种宇宙论，是有结构、有系统、有规律又有变异的一种特殊而具体的宇宙原理的象征表述，即有关万事万物的起源和发展的总法则或总模式，都可称之为"八卦宇宙论"。

　　这种认识方法，可解释小至原子、大到天体宇宙，上至人类、下至动植物的起源及演变。

　　为进一步证实这些理论，刘子华将重点转向天体研究，即利用"八卦图"原理，结合中国古代天文学和西方现代天文学进行系统研究，并特意聚焦人类置身其中的太阳系。他试着将西方现代天文学数百年观测到的各行星平均轨道数代入"八卦原理"进行计算，结果出现了一个精确到小数点以后 3 位数的恒数。接着，他又运用卦理和各星球的天文参数，推算太阳系的演化过程，其结果与法国天文学家琴斯的太阳系演化论不谋而合。

　　1930 年，天文学家用数学方法推算出太阳系第九颗行星——冥王星，并迅速被天文观测发现之后，刘子华原先的计算一直显示的恒数便由于冥王星的出现而被打破。但也正是冥王星的出现，启示了刘子华的思路：这平衡打破是由于另有未被发现的行星在作怪，只有发现这个"未知星"的存在，平衡才能重新保持。现在这种平衡又被新的不平衡所打破了。基于此，刘子华推定："太阳系内还存在第十颗行星。"

推算出太阳系"新行星"

　　1937 年，刘子华为潜心研究"八卦宇宙论"以及预测的第十颗行星，特地申请报考巴黎大学博士班，并很快被录取了。

　　1939 年初，刘子华终于完成了论文《八卦宇宙论与现代天文——一颗新行星的预测，日月之胎时地位》。在论文中，刘子华运用《易经》

的基本原理，与西方现代科学相结合，对太阳系的金、木、水、火、土等各星球与八卦中的各卦爻的性质描述进行比较，发现各星球与各卦爻的排列组合吻合，继而运用这种平衡比例关系进行运算，从而推测出太阳系边缘轨道上尚有一颗未知的行星。根据命名规则，他将新行星命名"木王星"（Prosee）。

在希腊神话中"木王星"是保护农业的女神。

为了具体描述"木王星"的运行轨迹，他根据八卦学原理的对应关系，结合已知天文参数，经过对易经中 64 卦、384 爻的研究揣摩，发现了中国古代天文和西方现代天文有着共通之处，可以运用八卦学原理和天文参数达到相互解释相互印证的效果，从而疏通中西天文学上的分歧，填平中西天文学上的鸿沟，起到殊途同归的作用。

有了这样的理解，刘子华便不依靠牛顿的万有引力定律，而是运用经过多年精心探索与研究发现的八卦与星球的对应关系，根据配偶律、母子律，又运用现代天文所提供的已知各行星的密度、速度及对日距离，计算出了该新星处于太阳系最边缘的轨道上，这颗新行星的密度约为0.424（水 =1），平均轨迹速度约为每秒 1.69 公里，对太阳平均距离约为 74 亿公里（1977 年，他又推算出该行星循环太阳一周时间约为 800 年）。其平均轨道速度为每秒 1.689 公里。

当年秋，刘子华将《八卦宇宙论与现代天文》（原论文简称）作为博士论文提交给巴黎大学，学校专门为此组织了论文审查委员会。

论文经委员会主席、巴黎大学科学及技术史院院长和科学史与科学哲学教授阿伯尔·海审读后，认为"关于科学结果令人满意"，至于卦理方面，转交给马伯乐教授审读。

马伯乐是一位对《易学》有精深研究的著名汉学家，在细读了刘子华论文之后，对刘子华全新的观点和推理感到不可思议，感叹道："我读的汉文古书不少，还没听说过《易经》八卦能和天文有如此密切的联系。"他对论文的准确数据和严谨的逻辑思维表示折服，对刘子华的科学精神和科学成果肃然起敬。马伯乐不但通过了这篇论文，而且还破例为论文写了长达 7 页的序言。

"东方哥白尼"震惊世界

在论文公开答辩会上，该文经过爱因斯坦和巴黎大学诸教授审查通过，巴黎大学文科科学院院长爱米尔卜勒耶教授于 1940 年 11 月 11 日庄严宣布："论文《八卦宇宙论与现代天文——一颗新行星的预测，日月之胎时地位》正式通过。兹授予作者——尊敬的刘子华先生，巴黎大学博士学位！"

刘子华的这一重大发现，使西方的哲学家、科学家震惊不已！权威人士称：如果说 16 世纪哥白尼的太阳中心说引起了近代自然科学的兴起与蓬勃发展，那么刘子华运用中国古老的八卦对应原理，结合现代天文综合考查研究，在定量分析的基础上，创立了现代天文所公认的参数为准的"太极"中心说，必将点燃人类科技文明的第三次火焰！在这部论著里，刘子华运用《易》学的科学原理，详尽地论述了太阳系的形成和发展，阐明太阳系是一个组织上有层次、有次序的结构模式。

刘子华的研究成果在欧洲引起强烈反响，受到科学界的热烈赞扬和

早年刘子华在法国天文台工作照

社会的高度评价。10天后,《巴黎晨报》头版头条刊登了刘子华在巴黎天文台望远镜前观测的照片和消息,并配文说:"这个中国年轻的天文学家虽才第一次用望远镜观察天体,但他是唯一用数论推出'木王星'必然存在的人。"11月28日,法国《每周画报》更是以7个版面,刊发了一组照片,介绍刘子华的情况。

他们在刘子华名字前加了一句十分提劲的话:"五千年前的一个谚语预测到一个新的星球。"

从1940年至1943年的3年公示期间,没有人对《八卦宇宙论与现代天文—— 一颗新行星的预测,日月之胎时地位》这篇论文提出否定性意见。

1943年,刘子华被巴黎大学正式授予博士学位。不久,刘子华又被授予法国国家博士学位。他拥有双博士桂冠!为此,他还获得法国国家科学研究中心资助的3000法郎,用这笔钱,刘子华将自己的论文用法文在巴黎的"汝吾出版公司"正式出版。

婉拒异国恋回乡报国

刘子华一举成名，有人请他讲学，有人聘他去大学任教，然而，名利观念淡薄的他拒绝领受，只想早日返回祖国。

就在这时，一位公爵小姐向他表达了爱情。长期与深邃星空打交道的刘子华，内心充满神秘的幻想，他多么渴望蓝色的浪漫爱情！十几岁的懵懂少年离家去国、漂泊他乡求学这么久，长期远离父母亲人，隐藏很深的孤独感阵阵袭来，他坚强的内心柔软起来，差一点就与那美丽多情的公爵小姐坠入爱河了。可是，长年累月从事科学研究的刘子华又是那么理智，他暗暗告诫自己：回国是既定目标，岂容一己私情阻碍？夜深人静时，只有神秘太空知道，情感的煎熬和纠结令刘子华默默泪流。

迷迷糊糊中，子华梦见自己与公爵小姐在湖畔漫步。鸳鸯、天鹅、野鸭……在湖面及空中起落，盘旋，仿佛童话仙境。

云青青兮欲雨，水澹澹兮生烟。空气中散发着雨水与草地混合的清香。

黑色的天幕上零星散落几粒星子。子华告诉小姐，西边那颗特别明亮耀眼，是与清晨东方的启明星不同名字的同一颗星叫长庚星，又名太白金星。

传说李白的母亲梦见太白金星落入怀中，遂生了诗仙李白。

"君游东山东复东，安得奋飞逐西风。愿我如星君如月，夜夜流光相皎洁。"子华轻轻吟诵一首古诗。

小姐抬头望天，悠悠然反复吟诵："愿我如星君如月，夜夜流光相皎洁。"

子华不能给她任何承诺，默默执手相看，感受时间缓缓流过的美丽与忧伤。

1945 年，第二次世界大战欧洲战场结束，中国抗日战争也取得了决定性胜利，刘子华觉得抗战结束后，正是国家需要建设人才的时候，他谢绝了巴黎大学、比利时天文台的挽留，毅然决然婉拒了公爵小姐的爱情，告别生活了 26 年的法国，怀着魂牵梦绕的报国之心，登上了美国军用飞机。

登机前一刻，公爵小姐特意前来与他拥别，她说："我爱你，刘。可是，你更爱你的祖国，我输了。"刘子华不知怎么安慰她，他想说："我也爱你！"可说出来的却是那句诗："愿我如星君如月，夜夜流光相皎洁。"

晚年的刘子华

辗转多时，他终于于当年 10 月 10 日回到重庆。

国民政府文化部部长张道藩曾想以重金收买刘子华著作的国际版权，但因刘子华痛恨官场的腐败，不愿听从别人的摆布，更不愿加入国民党而遭到冷遇。此后，他的发现和研究一直不被国内有关部门重视，他被视为一个带有封建迷信色彩的人物而长期闲置。

1952 年，经留法同窗李维汉举荐，刘子华任四川省人民政府参事。

工作期间，他全身心投入天文学研究，预测出 1982 年前后可能观测到太阳系第 10 颗行星——木王星，并写成论文交到全国科学大会。

其实，在 1981 年，美国海军天文台和其他天文台都相继报道有关太阳系存在第十颗行星的推断。

1987 年，美国宇航局发射的两艘宇宙飞船先驱者 10 号和 11 号，探测到第十颗行星可能正在绕着太阳运行，并强调说："虽然这颗行星离九大行星很远，但它的存在是毋庸置疑的。"

1988 年 6 月 22 日，夏威夷天文台和伦敦天文台也相继报道了这颗新星的具体信息。

2003 年 10 月，加州理工学院麦克·布朗教授领导的团队观测到了一颗位于太阳系外围柯伊伯带的天体。2005 年 1 月，经过再次分析，布朗判断该天体的体积比冥王星还大。毫无疑问，第十颗行星的预测权应属于中国学人刘子华，这个科研重大成果应为中国所有。

著作权在法国遭侵害

然而，令人不无遗憾的是，尽管刘子华的成就引起了国际科学界的震惊和盛赞，但在当时的中国，却不被重视，甚至横遭白眼与扼杀！

同样令人惋惜的是，刘子华的专著《八卦宇宙与现代天文—— 一颗新行星的预测》的著作权也在法国遭到侵害。

20 世纪 40 年代初，刘子华在法国讲学，他的听众伯爵夫人听完他的报告后，十分赞赏，特设家宴招待这位年方 40 余岁的东方才子。刘子华为了答谢友人的盛情款待，便把他刚出版的书《八卦宇宙论与现代天文》送了 1 本给伯爵夫人，她十分珍惜，直到 1961 年临终前才将书转给她的儿子。巴黎的麦迪西士出版社的负责人伊里约与她的儿子关系甚笃，据说在 1970 年，伊里约曾向中国发出了寻找刘子华的信，但无法得到刘子华的音讯，随后又向公使馆询问，仍无结果，遂断定刘子华已"远离人间"。1974 年，伊里约病逝时，留下遗嘱，表示希望他的女儿阿里克·伊里约一定设法再版刘子华的著作。阿里克找到伯爵夫人的儿子合谋，让麦迪西士出版社偷印出版了这部书。

由于法国根据国际版权法赋予刘子华享有死后 50 年的"国际版权"，而刘子华当时还活着，麦迪西士出版社竟在 1980 年就出版了这部书，并向世界各国发行，这自然是侵权行为。

刘子华的学生戴思杰赴法留学时，受老师之托，在巴黎寻访这部书的下落，终于找到了蛛丝马迹，在著名的麦迪西士出版社的橱窗内找到了这本书，立即买了寄给老师，并迫使出版社道出了这本书盗印出版的实情。

刘子华博士为此曾写过一封长信寄往巴黎，他在信中对麦迪西士出版社不顾国际版权公法，偷版印刷其法文著作，损害了著作的"完整性"，侵占其合法的"知识产权"，让他无条件转让 4 项专利权的种种作法，表示了极大的愤慨。麦迪西士出版社负责人阿里克·伊里约对刘子华的严正声明感到惊恐忧虑，极希望这场公案能够私了，旋即派出一位"特使"赴蓉，与时任四川省人民政府参事室参事的刘子华长谈。但由于对方缺乏诚意，谈判未能成功，刘子华决定诉诸法律，但因无从筹措诉讼经费，而使这场绝对有可能胜诉的涉外官司搁浅。

他带着愤懑和遗憾，于 1992 年 4 月 1 日在成都逝世，享年 93 岁，葬于龙泉山长松寺公墓。

直到 1989 年 12 月，四川科技出版社出版了刘子华的博士论文《八卦宇宙论与现代天文》的中文译本，才使中国人能一睹"中国科学家在现代运用太极八卦图做出的震惊世界的贡献"，引起了国内、国际科技界、学术界的强烈反响。

刘子华著作

1999 年 9 月 29 日，就在刘子华博士诞辰百年之际，英美科学家用在太空飞行了 27 年的"先锋 10 号"宇宙探测器，发现了"一个新天体正围绕着太阳运行"，从而再次证明刘子华 60 多年前的发现。英国科学家马雷博士宣布，这个肉眼看不到的第 10 颗行星比太阳系最大的木星还大数倍，距地球 100 亿亿英里，公转一周需 600 万年。英美科学家公布的各种参数与刘子华推算的参数竟惊人地相似。

索赔"打假斗士"方舟子

2005 年 7 月 29 日，美国科学家宣布发现太阳系内第 10 颗行星。事隔不久，有媒体报道称，中国人在 65 年前就预测出了这颗行星，预测者就是留法博士刘子华。

2005 年 8 月 10 日，北京某报刊载了方是民（方舟子）的文章，对此事进行评论，称"这种荒诞不经、近乎笑料的胡言乱语，竟得到爱因斯坦的评审，岂非太小瞧了爱因斯坦的智力"。

2005 年底，北京某报将"八卦专家预测十大行星"列入"2005 年中国十大科技骗局"评选之六，此文还被《北京青年报》、新浪、搜狐、网易等媒体转载。

刘子华遗孀，80 岁高龄的曾宇裳，一纸诉状把方舟子及相关媒体一并告上法庭。北京市第二中级人民法院一审判决认为，方是民撰文对"八卦宇宙论"的科学性提出质疑本无不可，但在文中用"欺世盗名之徒""来自中国的江湖术士"等带有明显丑化、侮辱性质的词汇来形容刘子华，其行为已构成对刘名誉权的侵害。法院判被告方是民在 30 日内，在北京两家报纸及 3 家主要网站就损害刘名誉一事发表书面致歉声明，方舟子及某报各赔偿原告方精神抚慰金 2 万元。原告律师北京华联律师事务所律师认为，所赔数额过低。当得知被告确定要上诉，该律师立即表态："我们随时恭候，并且我们还要索赔 250 万元。"

2005 年 7 月 29 日，在刘子华博士论文发表后的第 65 年，美国加州理工学院天文学教授迈克·布朗等人宣布，他们借助巨型天文望远镜发现了第 10 颗行星。虽然这一发现尚未得到国际天文联盟认可，但它足以说明，刘子华当年大胆预测并非捕风捉影，更不是什么"科技骗局"，他的科学精神和理论勇气值得充分肯定。

刘子华把中西天文融为一体，古为今用，创造性地将玄妙莫测的易经原理引入尖端科学领域，起到了划时代的积极作用，开辟了科学易理时代。

法国总领事会见其子

2007 年 3 月 14 日下午，法国驻成都总领事杜满希先生会见了中国已故天文学家刘子华之子刘少华。满希先生说："法国与四川的关系源远流长，今年是法国在成都设立领事馆 100 周年。在上个世纪初，四川有许多青年赴法勤工俭学，他们中有后来的国家领导人邓小平、陈毅，有将军聂荣臻，有文学家李劼人、巴金，有科学家如你的父亲。"

总领事细心观看刘少华先生带来的他父亲的遗物、照片、手稿、毕业证等等。

据刘少华介绍："先父是 1919 年 6 月随川籍赴法国同学乘船先到上海，8 月 24 日与其他几省同学等共 162 人登上海轮麦朗号，经 47 天风浪后，10 月 10 日到达法国马赛港，随即转到巴黎。"

少华讲："早在 1937 年，当时先父就读巴黎大学博士论文班，他决定写一篇关于八卦、宇宙、天体的博士论文，他开始在巴黎图书馆遍览了馆藏的 700 多种易经注释和大量西方天文学著作，为这篇论文做准备。其实，在此之前，先父对中国的《易经》没有研究，许多外籍同学请他讲讲中国的《易经》，他都讲不出，觉得中国人自己都不懂祖国文化，真丢脸呀！于是，他一有空便学习《易经》，一看就入迷，一发不可收拾，从此与易经八卦结下了不解之缘。两年后，先父完成博士论文《八卦宇宙论与现代天文——一颗新星的预测，日月之胎时地位》。"

新发现行星颇有争议

宇宙的奥秘深不可测，随着天文学事业的不断发展，人类对宇宙天体的认识不断加深，宇宙天体的奥秘不断被揭开。近年来，天文学界对太阳系行星争论不断。2006 年 8 月 24 日，在布拉格举行的第 26 届国际天文联会通过的第 5 号决议中，1930 年发现的第九颗行星冥王星被降级为矮行星，不是真正的行星，并命名为小行星 134340 号，从太阳系九大行星中除名。

太阳系第九颗行星都还未被发现，更不要说第十颗行星木王星了。目前天文学界只承认太阳系被发现的行星只有 8 颗，第九颗行星的存在也只是一种推测，暂时还未被发现。因此，刘子华推测的太阳系第十颗行星木王星的理论从现代天文学角度来看，还存在历史局限性。但无论如何，刘子华运用易学八卦原理推测出太阳系行星木王星存在的理论轰动了天文界几十年，他的科学敬业精神和天文学历史贡献都是伟大的，非常值得我们后人景仰。

附：

刘子华先生之妻，曾宇裳，1927 年 12 月 6 日出生，汉族，无业，住四川省成都市小南街；其子刘少华，1962 年 12 月 15 日出生，汉族，中建二局安装公司成都分公司职员。通过多种渠道，费尽周折都没有联系上曾宇裳老太太和刘少华先生，亲自慰问采访他们的愿望遗憾落空。

涓涓报国志　悠悠教育情
——教育家、实业家冯元勋

2019 年，我国在海外留学的学生有 126 万人，约占世界国际留学生总数的 25%，成为出国留学生最多的国家。今日之中国，留学已比较普遍，留学生不再珍稀。

但若时间倒流 100 年，在积贫积弱的旧中国，出国留学那可是件稀罕事，留学生堪称国宝级"大熊猫"，选拔培养留学生的留学生那是更加了不起的人物。

在龙泉驿区大面街道，曾经就有这样一位留学生。他，就是我国留学生先驱冯元勋先生。

冯元勋（1880—1943 年），

教育家、实业家冯元勋

字一披，华阳县大面乡（现龙泉驿区大面街道）人，著名教育家、实业家。历任四川省经济部采金局工程科长、建设厅厅长、实业厅厅长、教育厅主任秘书，四川外国语专门学校校长、四川留法勤工俭学会教育长，成属联立中学（石室中学前身）校长、志诚高级商业职业学校校长、原成都大学、四川大学教授等职。他留学归国后，主动担负起选拔培养预备留学生的重任，其中陈毅元帅就是他选拔培养出来的国家栋梁。

培育学生成英才

1919年夏，冯元勋教育培养和选拔的第一批预备留学生毕业。

6月2日，四川省第一批赴法勤工俭学学生陈毅等61人一行，在省长公署派出的护送员吴钢带领下，由成都沙河堡集合出发离开成都，踏上了去法国留学的旅程。

他们离蓉那天是令人难忘的，这是四川最为隆重的送别仪式，省长代表、冯元勋教育长，以及许多老师、工友、同学们、家长们和亲属们都来了。人群中充满了欢乐的气氛。

特别引人注目的是街道旁一溜停放着的61台滑竿，挡住了几十家铺面。学生们个个西装革履，满面春风，整装待发。

陈毅和兄长孟熙礼貌地向校长、老师们一一鞠躬，握手道别。

不一会，只听得前头一声吆喝："上轿！"

留学生们立即坐上轿子。

又一声吆喝："起轿！"

蜿蜒不见头尾的滑竿，就这样整整齐齐地全上了肩。

再一声吆喝："上路！"

滑竿长队就步伐一致地走动起来。

鞭炮声震耳欲聋，欢送的人群随队奔跑。陈毅的弟弟季让也紧跟着滑竿队伍，一会奔前与大哥说几句，一会儿又奔后给二哥说几句，直送好几里才依依不舍地离去。

这支春风得意、浩浩荡荡的"出洋"队伍，几乎轰动了整座成都城，滑竿所过之处，市民自发地夹道迎送，不断地喝彩、赞叹。

由于队伍集合的时间拖得太久，第一天到龙泉驿歇宿。因为教育长是大面乡的冯元勋先生，而优秀学生代表包括洛带的刘子华，这对成都东山地区的青年人激励很大，赶来看热闹的龙泉驿人也特别多，这其中包括董家河畔的董嘉智（董朗）。

董朗看着看着，无比激动，心里谋生了留学报国的念头。他先是卖掉部分田地到成都补习，准备入读赴法留学班。结果因为该班很快停办未能遂愿。他又自费到上海先打工，等赴法国的邮轮，准备自费留法，后来放弃留法，转而入读黄埔军校一期。受其影响，龙泉镇的罗正麟与界牌乡的谢树辉也克服重重困难，一同考上黄埔军校第六期。龙泉驿区境内的人才就是这样相互激励、相互感染，共同进步、相得益彰。

陈毅一行沿着成都东大路一路前行，经重庆、宜昌，6月27日抵上海，在上海等候轮船4个星期期间，补习法文。8月12日，乘法轮麦朗号从上海起航驶向大洋。

第一批四川学生还在赴法途中，第二批又紧跟着出发了。当年8月，李劼人、何鲁之、李思纯等17人自费赴法留学生出发。

同年 12 月，巴县、长寿、涪陵、南充等地学生 35 人自费赴法，其中有聂荣臻等江津学生 20 人，还有中途插入的、非常年幼的邓希贤（即邓小平）。

在冯元勋先生的促使下，蜀中大批优秀青年得

冯元勋选育的四川赴法国勤工俭学留学生

以留学。当时在全国先后赴法国的 2000 余名青年学生中，四川青年就有 538 名，居全国之冠！大多数都是经冯元勋先生教育培养和选拔的。

这两批赴法留学班的学子，成为我国留学先驱，成才率非常高，他们学成归国或成为政治家、军事家、科学家、教育家、文学家、社会学家等，在政界、军界、商界、学界以及社会生活领域发挥了国之栋梁的作用，许多人成为影响中国历史走向的风云人物，包括革命家陈毅、天文学家刘子华等，深刻地影响了我国近代史的发展。

教育天才出少年

冯元勋之父冯辉廷先生，是清朝秀才，育有子女 3 个，冯元勋及两个弟弟。他深知"万般皆下品，唯有读书高"的道理，希望子女们都能读书成才。

冯元勋 4 岁时，父亲就安排他读书认字，就读于村塾渑池书屋，父

亲就是村塾的老师，管教特别严格，稍有差错，鞭笞交加，乃至伤痕累累。苦读寒窗，夙夜孜孜，寒暑弗间，全年仅正月初一休息一日。元勋自幼聪颖能干，好学上进，每次考试都名列前茅，在乡里是出了名的小秀才。私塾毕业考试还获得第一名，后来参加科举考试，因成绩优异，获得官府奖学金，成为庠生（政府供养的学生），渐渐崭露头角。其实

少年时期的冯元勋中秀才后的留影

在科举时代，元勋能成为庠生，接受几年县财政供养，是非常了不得的，当时整个华阳县庠生的名额也只有 10 多人。

据当地有关文献记载：清代雍正十年时华阳县庠生的名额只有 12 人，而东面简州（后来的简阳县）的名额甚至还要少两个，也就是能考上秀才，就已经是全县的前 12 名，并能接受几年县财政供养，以准备考举人。一旦考上举人，就有机会做官了，当然也可以进京继续考进士，三年一次，全国一次就选取 200 多人。由于难度太大，清朝考生平均要考三次以上才能考上，而考中进士的平均岁数是 34 岁。

1900 年，正值庚子年，全国发生了八国联军入侵中国的"庚子事变"，华阳乡下骚乱，冯元勋全家躲避到省城，就学于徐子休先生创办的华阳小学堂，与国民党元老张群等人同窗。

光绪二十九年（1903 年）秋试后，入选东文学堂，预备留学日本。

因其家境极其贫寒，到了五月天气变暖了，仍然穿着破旧的长袍，连件单衣都没有，羞于见人。然而他的学业特别优秀，多次考试都位居榜首，这得益于他旧学的基础打得非常牢实，也是其与洛带秀才王耀卿交好，晚年还能转而从事旧学研究的基础，也为他后来成为知名的教育家夯实了基础。

留学欧洲成先驱

19 世纪初，革命形势风起云涌。清政府为适应"新政"的需要，从 1901 年起，陆续派遣优秀学子赴欧洲或日本留学，争取早日与世界先进文化接轨。

1912 年，吴玉章、蔡元培、李石曾等在北京发起成立留法勤工俭学会，提倡青年学生自费赴法，学习西方的科学技术和文化知识。

1915 年 6 月，他们又在法国成立留法勤工俭学会，以"改良社会、首重教育。欲输世界文明于国内，必以学求泰西（西方国家）为要图。惟西国学费宿称耗大，其事至难普及。曾经同志筹思，拟兴苦学之风，广辟留欧学界。今共和初立，欲造成新社会、新国民、更非留法莫济，而尤以民气先进之国为最宜"为宗旨。

龙泉驿区境凭借消息灵通和文风浓郁，先后有大面的冯元勋被选派到比利时，茶店石经寺附近的吴雪琴被选派到日本，洪安张家大院的张永轼到德国留学。

光绪三十年（1904 年）春，川汉铁路作为国家重大交通项目提上议事日程，为修筑川汉铁路培育人才，经四川总督锡良举荐，冯元勋被派往欧洲留学，在法国学习法文和高中基础课。

光绪三十一年（1905 年），清朝废除实行了 1300 多年的科举制度，传统读书人开始远离国家的权力核心，特别是随着洋务运动的暴发，各级政府选拔"俊秀"出国见世面、学技术以振兴国家，冯元勋更加坚定了学习报国的理想信念。

冯元勋深感国家之孱弱，欲振兴中华，必先发展工业。抵达法国之后，即从头开始学习法语、数学、物理、化学等基础学科，这对于习惯于旧学的中国文人而言，其转型道路之艰辛，学习之勤奋，难度可想而知，但他最终还是以优异成绩考入比利时列日大学矿冶系。在列日大学学习 4 年毕业，后转入比利时著名学府蒙斯工学院矿冶系学习。就学期间，年年名列前茅，并身体力行，亲自实践，赴矿井采矿，冶炼厂冶炼，辛劳备至，以求得实际之学问。

冯元勋留学欧洲时的照片

在比利时留学期间，冯元勋还见到过孙中山先生，并受其革命思想影响，参加了同盟会。回国后，鉴于国民党腐败，并未转入该党。

1914 年，冯元勋从蒙斯工学院毕业时，正值第一次欧战爆发，比利时沦陷，于是他经荷兰避居伦敦，等待毕业文凭。1915 年秋，他接到文凭后，自英国乘船至挪威，经瑞典、芬兰，转俄罗斯的圣彼得堡，取道西伯利亚返回中国，沿途停停走走，备受颠沛之苦，直到年底才抵达成都。

冯元勋 25 岁被选派留学，为获得一个实实在在的大学文凭，他整整花费了 10 年时间，这就是我国第一代留学生艰辛求学的生动写照，也是东山客家人从传统治学转向学习现代化技术的典范，成为我国留学的先驱。

实业报国无门路

1915 年，元勋先生留学归来。

回国后，冯元勋虽满腹经纶，学贯中西，还有当时极其珍贵的采矿、冶炼技术专长。然而因四川境内军阀混战，民生凋敝，贫穷落后，原先计划修建的川汉铁路，因发生"保路运动"而中止，四川也根本无工业之设施可言。没有稳定的社会秩序，也没有资金、项目，更没有像样的工程师团队，无法安心长久地做实事，他深感报国无门。

虽然他凭借留洋资历和较强的办事能力，历任过四川省经济部采金局工程科长、四川省建设厅厅长、实业厅厅长等与所学专业相关的工作，但在当时那个半封建半殖民的条件下，中国还是典型的传统农业社会，实体产业相当落后，工业基础几乎没有，元勋先生从小以实业报国的宏图夙愿难以实现，无法安心长久地做实事。

冯元勋先生的名号在成都，在蜀中代表着正直实干，坚持以实业报国的不死之心。当重庆建立陪都时，他又义无反顾地应召去采金局任职，以期能发挥专长来报效国家。但终其一生，并未获得学以致用的真正机会，感觉英才无用武之地，这是那个时代造成的憾事。

但是，恰在那个时期，中国兴起了出国留学热潮，大批有志青年纷纷踏上留学报国之路。后来他迫于生计而转行从事教育工作，先后任过四川省教育厅主任秘书、四川外国语专门学校校长、四川留法勤工俭学会教育长，成属联立中学（石室中学前身）校长、志诚高级商业职业学校校长，原成都大学、四川大学教授等职。

元勋先生任外国语专门学校校长、成都大学教授之际，与民盟领袖张澜、当年张罗赴法留学会的吴玉章等交往甚密，思想偏于进步，对家国情怀始终看得很重。

他凭借自己的赴法经验和正直的声名，经蔡元培、吴玉章积极倡导和张罗，在全国兴起赴法勤工俭学的浪潮时，责无旁贷地肩负起为国育才选才的重任，出任设在成都的赴法勤工俭学班教育长之职。其在负责留法勤工俭学会时期，最出彩的莫过于曾以公费派送陈毅兄弟（兄陈孟熙），以及洛带镇的刘子华出国留学。

秉公选育栋梁才

冯元勋先生一生秉性仁厚、外刚内和，立身勤慎、行事谨密，清廉正直，崇尚实事求是、讨厌虚伪作假。

他在任中国留法勤工俭学总会成都分会赴法留学班教务长时，将自己所掌握的法语基础、亲身经历、西方的法律法规，以及留学异国他乡所需要的工作和生活技巧倾囊相授，为这些从未出过远门的有志青年打好留学基础。

陈毅哥哥陈孟熙曾撰文回忆这段曲折的求学过程。

1917年，陈毅16岁时，因家中无钱交学费，陈毅从甲种工业学校退学了。当时的成都街头，招生启事、广告种类繁多，但不是学费高得

冯元勋弟子陈毅留学时的照片

穷人交不起，就是水准太低，误人子弟，甚至有的纯粹是牟利骗人。忽然，一条意料不到的消息出现在陈毅和孟熙面前，就是吴玉章等人创办的"中国留法勤工俭学成都分会留法预备学校"招生了，"免费""学工""出洋"，这真使陈毅、孟熙兄弟欣喜若狂，孟熙也放弃了工厂学徒职，双双同去赴考。他们的政治见解和学业成绩完全符合该校的要求，双双被录取了。

留法预备学校开设了国文、修身、几何、代数、制图和法文，功课较多，特别是法文的学习，对乐至县上来的两兄弟来说，在发音上比较困难，因为乐至的地方土话口音较重，比如"回家"，乐至话读"肥家"；"飞"乐至话读"灰"。唯一的办法是刻苦练习，他们课前、课余和晚上在油灯下反复拼读，终于取得了较好的成绩。

1919年初，校方宣布马上要进行考试，考试前30名可以享受官方付费赴法的待遇，愿意自费前往的可以同行。这对于一贫如洗的兄弟俩

来说，那是多么好的机会哟！

从学习成绩来看，在 100 多名同学中他们是名列前茅的，但从人事关系上来看，就无法与别人比了。他们担心害怕的是考试舞弊，如果"考试"是官样文章，幕后另有交易，希望就成泡影了。

当时陈毅怀疑考试的公正性，兄弟二人相约前往冯元勋私宅，陈毅开门见山问道："冯先生，这次毕业考试是真考还是假考？"

冯元勋莫名其妙："这是什么意思？"

陈毅说："倘是真考，就须按真实成绩排列名次，倘是假考，就不必做官样文章了。"

原来如此，冯元勋不禁哈哈大笑，正色说道："我办教育为的就是教育救国，选拔国家需要的栋梁之材，振兴中华，使列强知我华夏有人，不敢再欺侮我们。这回考试当然是真考，我决不会同意舞弊的，你们放心好了。"作为始终胸怀国家的客家人，冯元勋说到做到。

当然，他不作假，考试结果公布，陈毅两兄弟双双考试位居中前列，陈毅第 13 名，孟熙第 14 名。他们那批志趣相投的好朋友金满城、杨持正、夏时烁、周光炜、李嵩高等人，都在前 30 名内，而洛带人刘子华学业更加优秀，考了第 4 名。

四川督军熊克武（四川老同盟会领袖）和省长杨庶堪对这届学生非常器重，指示学校，凡毕业考试名列前 30 名者，政府给每人旅费津贴 400 元，以资鼓励。

1919 年夏，第一届成绩前 30 名获旅法津贴。其余学生能自筹 400 元者，或非本校毕业经审查合格者，也可同赴法国，故首批同行的共 61 人。

在法国期间，陈毅接触了很多进步人士，思想发生革命性转变。这一时期，是陈毅立志用马克思主义改造中国、投身于反帝反封建革命洪流的开端。刘子华与李维汉关系较为密切，但他较少从事革命活动，主要精力放在学习天文知识上。

陈毅后来投身中国革命，成为我国十大元帅、党和军队领导人，这是与当年冯元勋先生作教育长时认真履职、秉公选才分不开的。冯元勋先生的贡献不可磨灭。

抗日战争时期，冯元勋先生得知陈毅在江南率军杀敌之消息，激动万分，乃赋诗数首，托陈孟熙转寄其弟。而当时道路险阻、邮电难通，不知是否已到达陈毅手中。中华人民共和国成立后，陈毅多方寻找冯元勋，不料先生早已于1943年冬患脑出血，溘然与世长辞了。

客家冯氏成望族

在当时的社会条件下，冯元勋是如何做到这一步的？这得从他的家族说起。

据《冯氏宗支谱》记载：冯氏原籍福建省汀州府宁化县石壁村，后来移居广东省潮州府海阳县，至天瑞公那一代时，又移居至广东省嘉应州长乐县。清朝雍正初年，随"湖广移民大军"迁移到四川省成都府华阳县。第一代世始祖为一郎公，时居广东省潮州府海阳县大堪石丰政都仙洞坑，系由福建省宁化县石壁村移来，葬处均失载。第十四世祖为其焕公，妣氏张，生有3个子女，分别为伯昌、仲昌、叔昌。其焕公赋性英敏，行事果断，素爱山水，原居广东嘉应州长乐县砖斗寨。因康熙年间游览到蜀，见田土膏沃，遂有意留川。回到广东后，雍正初年，他偕同夫人张姒，携载着宏学公的骸骨，并和二弟仲昌、三弟叔昌一同由广东迁来四川。

据1922年重修的《冯氏族谱》中记载："第十四世祖其焕公，原居广东嘉应长乐县砖斗寨……雍正初年……由粤来川，在成都府华阳县东柳树湾觅一宅场，田地一大段，命仲昌公、叔昌公伙买，以为基业，奠立家室。"

冯氏第十四世祖其焕公迁移至华阳县东柳树湾后，就开始修建祖屋，三弟兄一起经营，并嘱后代切勿擅改楼门。他们处处都为子孙后代着想，真是煞费苦心！

当时，冯氏的第一代祖屋就修建在蜀巴古道东大路边。

在成都东山上，有一口著名的堰塘叫分水堰，它的奇特神奇之处在于：堰水向东流入西江河上游的范家河堰，属于沱江水系；向西流入府河的沙河支沟松树沟，属于岷江水系。分配灌溉用水时，抓阄决定先后顺序，数量以堰中的分水桩刻度为准，约定俗成，相安无事。后来分水村就得名于此。

分水堰的东西两侧有两座望族冯氏著名的宅子，西边为柳树湾冯家老瓦房，这座大瓦房并排5道大门，每道大门进去有3个天井，内部可以相互联通，非常复杂。周围还有配套的"大学堂"、"小学堂"、碾坊、磨坊、月池以及密实的林盘，总占地面积约40亩，是客家人将广东围龙屋带到东山的先例。后来随着人口繁衍生息，又在东边兴建规模与老宅相当的陶家湾冯家新瓦房，1949年之后，先后被用作洪河乡卫生院

冯元勋的故居冯氏老屋

和养老院。

冯家对当地影响颇大，留下的地名就有3个，从西往东分别是：高店子（原凉风顶上，三圣乡所在地），相传为冯家兴场；石桅杆（现洪河地铁站附近），冯氏定居时在东大路旁因其祖先有功名而立，成渝公路通车后设有"石桅杆站"；最后是一座牌坊。

那是成都东大路上的第一座牌坊，高大气派，原先矗立在骡子坡东头（现行政学院地铁站东）。牌坊朝龙泉山方向，刻有御赐"秋竹有节、古井无波" 8个大字；朝成都方向刻有冯家自题的"贞比介石、洁齐春冰"。这是冯叔昌的儿子冯恭达，在定亲后，还没结婚就去世了，但这位没过门的女子仍然来到冯家守节，并抱养其长叔之子抚养。此子后来取得功名，做官期间，放弃一次加级的机会，为养母申请节孝牌坊，立在陶家湾东面的成都东大路上，因为这是驿道、官道，过往人很多，既可激励后人，又可彰显荣耀。

冯氏具有客家人的一些典型特征，除上述最有代表的建筑外，还有祖宗崇拜和崇文重教，还不断地修家谱，保证其家族和辈分排行来源清晰可追溯。

到冯元勋这一辈，原先的排行字用完了，家族人又议定新的排行。

为便于后代记忆，他们还把新编的冯氏家族排行编成一首诗，即：

思成端本直 修德保世芳 嘉才安传树

英建庆宗邦 国朝多贤俊 隆道盛熙康

此排行的特殊之处在于字首尾交替使用，可以绵延不绝。

冯元勋的儿子是"思"字辈，全名为冯思刚，另有柳树湾的冯思章，算是现在冯氏辈分较高的一辈人了。冯思章的儿子名冯俊成，"成"字则放在名字的尾巴上。再下一辈的"端"又放在中间，如原成都乐斯房地产公司老板冯端友等。

从建筑彰显荣耀、祖宗崇拜，到延续冯家血脉、耕读传家，家族家规家风代代相传，冯氏家族成为当地的名门望族，不断涌现出一些读书人和名人。其中，冯元勋就是冯氏一脉相承下来的名人。

翁婿才高兴后人

冯元勋原配夫人早逝，后娶彭山翰林周紫庭之次女淑仪为妻。

元勋先生晚年犹致力于古今学术之演变之研究，有所获必寄意于诗词。他所著之诗文甚多，惜散失而不可得。从先生 1939 年所赋之抗日爱国诗《感时》一首，可见一斑：

无定河边骨屡空，几家闺怨撼飞蓬。

江山摇落涵秋气，狐鼠趋跑入故宫。

退居两川犹杀敌，孤凭之岛敢称雄。

痛饮黄龙终归我，仁盼华威慑犬戎。

　　冯元勋临终之年（1943年），为其岳父收集、整理、出版有《彭山周紫庭先生遗诗》一集流传后世，诗集落款为：华阳一披冯元勋谨述于成都商业街自宅。这代表着客家人征服城市的雄心业已实现。

　　其岳父周翔，字紫庭，彭山人，是晚清经学家、文学家，王闿运（1833—1916年）的高徒，成都尊经书院培养出来的杰出学生代表，后考中光绪壬辰科（1892年）进士，弃官后成为教育家兼诗人，成都多所高校校长。这本诗集同年送与洛带好友王耀卿，王耀卿将此事写信（信件收录在《简阳王耀卿先生遗稿》中）告知当时正在宜宾李庄就读于中央研究院历史语言研究所的王叔岷，信中写道，"叔岷知悉……日前上省，曾见冯一披

冯元勋夫人周淑仪年轻时照片

先生，赠父诗二册，系彼岳父周紫庭先生遗诗，便中寄邮一览。此公本王湘绮（即王闿运）高足弟子，诗名或在赵熙之上。惜不多见也。"能获得同乡文友的高度肯定，对他也算是一种慰藉。

冯元勋长女毕业于川大中文系，学业优秀，擅长诗词；次女毕业于光华大学；三女毕业于金陵女子大学，早年参加革命，中华人民共和国成立后随第一任驻印大使袁仲贤出使印度；其子冯

冯元勋夫妇与儿子冯思刚的合影

思刚为四川大学教授，曾任外文系副系主任。二弟冯慕陶亦毕业于东文学堂，后来留学日本，毕业于千叶医科大学。侄子辈均为国家骨干，有的曾任四川省社科院党委书记；有的曾任成都市公安局局长；有的曾任国家科委新技术司副司长。孙辈亦已成才，其中一位叫冯柯，是少城集团老板，他曾迎娶同样为四川大学外语系毕业的歌星张靓颖为妻，结婚时很多龙泉驿区的亲戚都收到了他们的礼物—— 一个圆盒中摆放了各种意大利糖果，正中间是一张张靓颖的最新音乐CD。

附录

龙泉驿历史名人十大候选人简介

　　由于《龙泉驿十大历史名人》一书篇幅有限，书中只对入选的十大名人进行了详细介绍，对 20 名候选人余下的 10 人只作简要介绍，他们是：

打响辛亥革命四川第一枪——夏之时（1887—1950 年）：四川合

川人，早年留学日本，专攻军事，留学期间加入孙中山先生创建的中国同盟会。学成归国后，回川参加新军，成为四川新军十七镇步兵排长，1911 年奉命随部队进驻龙泉驿，暗中从事革命活动。当年 11 月 5 日夜，在成都龙泉驿武庙（现中街区商务局内）打响了辛亥革命四川第一枪，取得了龙泉驿起义的胜利，为辛亥革命的胜利做出了贡献，让龙泉驿载入辛亥革命史册。这一枪，就是武昌起义后在四川境内，以革命党人身份为推翻清政府而打响的第一枪。辛亥革命后，夏之时任北伐军四川总司令，参加反袁、护国、护法运动，积极追随孙中山先生参加革命，是四川近现代史上有影响的进步人士。1950年，夏之时被误杀于合江县城关镇，时年63岁。1987年，平反昭雪。

著名文人——李流谦（1123—1176年）： 汉州（现广汉）绵竹

人，南宋知名文人，诗词作家，做过将仕郎、奉议郎等文官，曾任灵泉县县尉，官终至潼川府（现三台具潼川镇，宋代时为州府）通判（朝廷派出的州级监察官，相当于现在的副州长）。著有《澹斋集》八十一卷，今存十八卷，被收入《永乐大典》和《四库全书》，另有《国史经籍志》传于世。李流谦的《澹斋集》收录了他在灵泉县的工作情况，对上级的迎来送往、游览安静观、长松寺并与僧人的交往，还有当时的诗会、酒会所做的诗词，以及其本职工作的待遇、考核，本人的住所等，他有多篇作品谈及灵泉县的桃花，其中一首开头最妙"自然秾脸与深唇，一味繁红也绝伦"，用文字充分展现了桃花之美，也展现了当年文人雅士赏花之乐，让后人能多角度了解当时的灵泉县。

成都首任市长——黄隐（1890—1969年）： 出生于简阳义和乡（现龙泉驿区洪安镇）长梁村，保定陆军军官学校毕业，曾任上尉、少校参谋、

团长、旅长、师长、军长、成都市市长等职，中将军衔。民国年间，在四川民间被认为是四川军阀邓锡侯部"五虎将之首"，称"四川小诸葛"。1924 年，任四川江防军总司令，1928 年出任成都首任市长，结束了军阀治政的历史，他在任上整顿市容市貌，为成都走上正常的政府管理奠定了基础，其家乡黄土场也得到他的照顾，在区境率先用上了打米机。1938 年，黄隐任 95 军军长，成了四川军政的实力派人物，组织军民加紧生产各种抗战物资，及时运往前线，保障了前线的物资供应，为抗战做出了贡献。1949 年，黄隐在彭县通电起义，为川西平原的和平解放做出了贡献。中华人民共和国成立后，黄隐的 95 军与解放军的 60 军合并，黄隐调任川西军区（后改为四川省军区）副司令、四川省人民委员会委员、成都市政协主席，同时被选为全国人大代表。1969 年，黄隐因病去世。

川军抗日名将——张雅韵（1915—1941 年）：简阳县柏合乡（现龙泉驿区柏合街道）人，幼时在乡间上私塾，勤奋好学，饱读史书，自幼立志报国。张雅韵成年后，教了两年私塾，而后外出当兵，并被保送到川康边务督办署军官学校学战术，毕业后入川军。全面抗战开始后，任陆军第 72 军新编第 15 师第 44 团上校团长，随第 30 军参加武汉保卫战。多次参战，多次立功。1938 年，张雅韵领上校军衔出川抗日，龙泉驿各界人士 1000 余人举行欢送仪式，高举"欢送张雅韵先生自愿出川抗日"

的长幅标语，场面悲壮热烈。1941 年 3 月 24 日，张雅韵任 44 团团长期间，日军大量飞机轮番轰炸张雅韵军前沿阵地，团部被炸毁，张雅韵壮烈牺牲，被国民政府追认为抗日少将，并修建"雅韵亭"以示纪念。1941 年 8 月 8 日，张雅韵的家乡龙泉镇为其举行追悼会，成都官员、简阳县长、各团体代表及群众近 1000 人参加。当时的场面十分肃穆，这是龙泉镇人民最深的抗战记忆。1997 年，张雅韵被民政部追认为革命烈士。

禅宗巨匠——楚山绍琦（1404—1473 年）：明代初期著名的临济宗禅师，生于今成都崇州市，他天资聪颖，8 岁入乡学，"不假师授而知诵"。其父去世，弃学出家，从玄极通禅师学法。

楚山绍琦禅师在四川佛教史上是承前启后的禅宗巨匠，是石经寺临济宗道场的开山祖师，圆寂后留下肉身和语录 10 卷，诗文 200 余篇，影响深远，来石经寺朝肉身菩萨的"朝山会"至今盛况不减。

为求佛法，他漫游四海，先到天台山参加传教大会受戒，得西岷禅师赐字"楚山"，其后在天台山、九峰山、丹景山等道场参悟禅机，弘扬佛法。随着阅历的增加和心智的成熟，他受邀到灵音寺（现石经寺）做主持，灵音寺终于迎来自己的祖师，自此绍琦运用自己的见识和修为，使寺庙百废俱兴，求法者络绎不绝，香火日益鼎盛。灵音寺自从楚山绍琦到来后，大兴禅风，诵经、读公案、斗禅机已经蔚然成风，并将寺名更名为"石经寺"。楚山绍琦禅师在弘扬佛法的过程中，其深厚的佛学修为令蜀王深深折服，在蜀王的支持下，楚山绍琦对石经寺进行重修扩建，石经寺最终成为远近闻名的佛教圣地。楚山禅师坐化后，僧众在石经寺为其建塔，并将栖幻窟圈入寺内，即今祖师殿内之祖师洞也，楚山祖师肉身像端坐正中。

抗美援朝战斗英雄——薛志高（1932—1952年）： 简阳县柏合

乡二河村（现龙泉驿区柏合街道二河村）人，1950年初进入龙泉驿区武装中队，参加平息"三三"土匪暴乱，由于在平叛中表现突出，暴乱平息后被推荐加入中国人民解放军，1951年随部队参加抗美援朝战争。薛志高在朝鲜战场上的数次战斗中，以英勇顽强，敢拼敢打，不怕牺牲而闻名。1952年11月4日晚，薛志高随部队参加上甘岭反击战，在537高地作战中参加突击排，作为副班长，他和战友们先后攻克敌人一、二号阵地，在向三号阵地进攻时，他左腿被炸断，身负重伤，但他仍以顽强的毅力与双目失明的战友王合良互相配合，继续向阵地冲锋，最终在敌人反扑中壮烈牺牲，年仅20岁。中国人民志愿军政治部为他追记特等功，并授予"二级战斗英雄"称号，

1953 年被批准为革命烈士，中华人民共和国中央人民政府给其家属颁发了由毛泽东主席签署的《革命烈士军人家属光荣纪念证书》。《四川近现代名人录》收录了薛志高的事迹。

教育杰出人士——吴雪琴（1872—1952 年）：简阳县茶店乡石

经村（现山泉镇石经寺村）人，他自幼好学，1896 年 8 月考中秀才，1904 年被清政府选派赴日本东京留学，求学期间参加孙中山在日本组织的同盟会，1906学成归国后接任简州学务局副董，1908年创办简州女子高等小学，同时动员创办石经寺私立小学，1912 年任四川省立第一中学、国立成都高等师范、四川优级师范学校、四川国学专门学校学监，1931 年任简阳县教育局局长，1948 年回乡闲居，1952 年病逝，享年 80岁。著有《雪庐诗草》2 卷。

龙泉驿最早地下党活动领导人——张元昌（1906—1933 年）：四川省达州市人。1926 年，在陈毅支持下组织"革命文学会"，1927年考入中央军事政治学校武汉分校，因成绩突出被委派为北伐军连长，同年 8 月 1 日参加南昌起义并入党，1928 年被派回成都组织武装暴动，当时成渝公路成龙段开通，来自龙泉驿、大面的独轮车明显增多，因路面和街面受损而遭到国民政府打压。受上级党委指派，川东早期革命活

动家张元昌在龙泉驿成立了地下党组织龙泉特支，担任中共龙泉特支第一书记，组织发动龙泉驿、大面、牛市口等地的独轮车工人大罢工，并成立独轮车工会，培养发展地下共产党员。龙泉特支是龙泉驿最早的地下党组织，点燃了龙泉驿革命的星星之火。1929 年秋，张元昌担任中共四川省委委员、成都东城区书记、成华中心县委书记，1930 年由于叛徒告密被捕。在狱中，他宁死不屈，后经党组织营救出狱。1930 年底，张元昌赴南京，考入"中央陆军军官学校"第八期，1932 年春到川军二十一军第四师驻大竹周绍轩旅任少校副官，与川东党组织接上关系，积极从事策反兵变工作。身份暴露后到渠县三汇镇小学教书，后被捕，1933 年 3 月被杨森杀害。

绝世古碑建造者——强独乐（生卒不祥）：军都县（现北京市昌平区）

人，大周使持节、车骑大将军、大都督、散骑常侍、军都县开国伯。龙泉驿区山泉镇大佛岩村的大佛岩摩崖造像内，有一块北周文王碑，是南北朝时期驻守四川的大将军强独乐为了歌颂北周文王功绩而建。碑文阴刻正书 40 行，每行 34 字，全文 1400 余字，均刻于正方格内，大部分字迹风貌犹存，距今已有 1440 多年的历史。北周文王碑为全国唯一，且是长江流域迄今发现最早、保存最为完好的南北朝碑刻，碑文中反映的历史重大事件较为突出，为研究北魏、西魏、北周的史地、职官及书法提供了珍贵资料。此碑于 1961 年被列为"四川省重点文物保护单位"，2013 年被国务院正式公布为"国家一级文物保护单位"。此碑为中国汉字演变史上的里程碑，其碑刻艺术证明那时的汉字字体在取代了魏碑体后，已经完成了成熟的楷书字形，其字体亦隶亦楷，粗朴率真，别具装饰之美。康有为在《广艺舟双辑》中赞其为"精美之强独乐"。强独乐原本只是一介布衣，因为宇文泰推行了一套选拔人才的机制，才让他有机会能够施展抱负。强独乐后来驻守武康郡，也就是今天的简阳一带，路过龙泉山，看到这里风景优美，加上山腰还有一块巨大的红砂岩天落石，于是就在石上记载宇文泰功绩，为他建造了祠庙。

龙泉驿解放时的共产党人——罗天友（1925—2014 年）：出生

于龙泉镇中街，龙泉驿早期中国共产党领导人。罗天友小学毕业考入石室中学，初中毕业考入华阳中学。1944 年，他抗日救国之情甚切，以学生兵身份入缅抗日。1946 年战争结束考入四川大学先修班文科班，1947 年考入川大法学院司法组。他在中学阶段就受进步思想影响，向往延安的生活，读大学不久拒绝了国民党三青团的拉拢诱惑，加入了共产党的外围组织民主青年协进会，为推翻反动统治，积极在学校内开展活动。1949 年，罗天友受组织安排，从川大撤回龙泉驿，并在龙泉镇中街同福药号建秘密联络站，在龙泉驿、柏合、洛带等地开展秘密活动，宣扬党的政策主张，做好国民党人员的策反工作，为过往共产党人提供保障。这也是共产党在龙泉驿区境内开展独立的组织活动之始。罗天友还建立了新民主主义研究会，发展了董朗之子董万仁等进步青年，为后来接管政权储备了干部和力量。龙泉驿解放前夕，罗天友接受三项任务：一是控制粮站，为部队筹措粮食；二是发动进步青年，准备接管政权；三是做好群众安抚工作。他组织领导龙泉驿的解放工作，为龙泉驿区和平解放后政权的顺利交替奠定了基础。1950 年罗天友参与了平息"三三"土匪暴乱，后参与组建简阳人民法院，主持法院工作。后任简阳人民检察院检察长，2014 年去世。

参考文献和资料

1.《董朗传》（龙泉驿区委党史研究室、简阳市委党史研究室 1990 年编印内部资料）

2.《董朗后人今何在》（傅全章）

3. 晋希天的儿媳游贤蓉和孙子晋兆恒口述

4.《吾乡家风》（龙泉驿区家风故事 2016 年版）

5. 段氏族谱、段氏网站

6. 巫氏族谱、巫氏后人巫玉萍口述

7.《今古龙泉驿》《龙泉驿区党史研究室资料汇编》

8.《鸦片战争中的抗英川军》（阳睐著）

9.《振兴蜀学人才辈出的尊经书字》（徐仁甫著）

10.《清末翰林颜楷》（李豫川著）

11.《清廷谕令川匪啯噜改名》（余凡著）

12.《淮南名胜联・凤台》（江山携手撰）

13.《慰农亭的民间传说》（凤台新联网）

14.《胡林翼评传》（刘忆江著）

15.《太平天国史》（罗尔纲著）

16.《曾国藩传》（张宏杰著）

17.《中国历史纪事年鉴查询》（来源：https://history.supfree.net）

18.（南宋）扈仲荣等：《成都文类》，文渊阁四库全书本

19.（后晋）赵莹主持编修《旧唐书》，文渊阁四库全书本

20.（宋）欧阳修、宋祁：《新唐书》，文渊阁四库全书本

21.《成都市龙泉驿区志》，成都出版社，1995 年 12 月第 1 版

22.《成都市龙泉驿区城乡建设志》，方志出版社，2004 年 7 月第 1 版

23.《中国神仙大全》，辽宁人民出版社，1990 年 2 月第 1 版

24.（宋）《东坡全集》，文渊阁四库全书本

25.（南宋）李流谦：《澹斋集》，文渊阁四库全书本

26.（宋）黄休复：《茅亭客话》，文渊阁四库全书本

27.（宋）张唐英：《蜀梼杌》，文渊阁四库全书本

28.（元）赵道一：《历世真仙体道通鉴》

29.（五代）杜光庭：《灵池县图经》，文渊阁四库全书本

30.（南宋）魏了翁：《鹤山集》，文渊阁四库全书本

31.《宋代百家诗存》卷，文渊阁四库全书本

32.（宋）洪迈：《夷坚丙志》，文渊阁四库全书本

33.（明）曹学佺：《蜀中广记》，文渊阁四库全书本

34.王叔岷：《慕庐忆往》，中华书局，2007 年 9 月北京第 1 版

35.王叔岷编《简阳王耀卿先生遗稿》，（台北）艺文印书馆，1976 年 5 月初版

36.王叔岷：《史记斠证》，中华书局，2007 年 7 月第 1 版

37. 王叔岷：《庄子校诠》，中华书局，2007 年 7 月第 1 版

38. 谢桃坊：《王叔岷与中国历史语言学派》，《蜀学集刊》第八辑，四川出版集团巴蜀书社，2004 年 3 月第 1 版

39. 台湾大学"王叔岷教授追思会筹备委员会"于 2008 年 8 月 30 日所撰《王叔岷先生行述》

40. 方瑜：《王叔岷老师的"庄子"课》，摘自《王叔岷先生学术成就与薪传研讨会论文集》2001 年 8 月，P515—518，台湾大学中国文学系

41. 马德五：《江河水广自涓涓——悼念王叔岷恩师》，《传记文学》第九十四卷第一期（怀念集）

42. 台湾文化建设委员会所拍影片《王叔岷老师》

43. 胡开全：《王叔岷先生著述考》，《国学集刊》第 1 辑，四川人民出版社，2015 年第一版

44. 陈孟熙：《陈毅的故事》，《四川文艺》1978 年第 7 期

45. 郝传玺收集撰写的《冯元勋》，《龙泉驿区文史资料选辑》第 2 辑

46. 王叔岷编《简阳王耀卿先生遗稿》，（台北）艺文印书馆，1976 年 5 月初版

47. 《龙泉驿百年档案记忆 (1911—2011)》，四川人民出版社，2014 年 10 月第 1 版

48. 《田颂尧》《保定陆军军官学校史研究》，中国社会出版社，2005 年版

49. 《田颂尧、孙震沉浮记》，《绵阳文史资料选辑》第 3 辑，1984 年

50.《军阀田颂尧的势力膨胀与横征暴敛》,《三台文史资料选辑》第 2 辑,1985 年

51.《田颂尧、刘文辉成都巷战记》,《成都市文史资料选辑》第 11 卷 第 33—34 辑,2000 年

52.《国民革命军第二十九军军事政治学校校刊》1928 年第 1 期

53.《国民革命军第二十九军训军纲要》,《鸡鸣月刊》1929 年创刊号

54.《谜样的四川:"唯仁论"哲学家的田颂尧》,《读书月刊》1933 年第 3 卷第 6 期

55.《从军队历史和军队教育说到仁的思想及仁的社会:国民革命军第二十九军精神系统之基点"民国十九年九月十三日演述"》,《明是月刊》1931 年第 4 期

56.《田颂尧》,《民国人物小传》第 16 册,上海三联书店,2017 年

57.《田颂尧、蔡元培、苏希洵致王伯群的书信》,《浦江纵横》2017 年第 12 期

58.《龙泉驿区文史资料选辑》中姚云书、巫盈堂署名文章

59. 互联网查询

60. 田颂尧儿子田明誉和孙子田正宁口述

后 记

  龙泉驿历史悠久、人杰地灵，数千年来，古驿大地上诞生和荟萃了很多著名人物。这些灿若星辰的文人武将，在各个历史时期留下了闪光的足迹。他们用勤劳和智慧推动了龙泉驿经济社会发展，为人类文明进步做出了巨大贡献。

  为深入挖掘龙泉驿历史文化资源，弘扬传承中华传统优秀文化，增强全区人民的文化自信和文化自觉，中共龙泉驿区委党史研究室（龙泉驿区地方志办）组织力量编写了《龙泉驿十大历史名人》一书。

  在编写《龙泉驿十大历史名人》之前，首先是确定龙泉驿十大历史名人，那么，十大历史名人怎么产生的呢？

  区委党研室和主创人员拟定了评选条件和评选标准，并组织本区文史专家进行了研究讨论，最后明确三个评选条件：一是评选的名人户籍为龙泉驿，对推动当时经济社会发展产生过较大的历史影响；户籍虽不在龙泉驿，但曾在龙泉驿任过要职或负责过重要工作，对推动当时经济社会发展产生过较大历史影响或对推动龙泉驿发展做出过杰出贡献。二是评选的区域以现在的 557 平方公里行政区域为准，追溯到历史上有县治的东阳县、灵池县、灵泉县等区域，还包含历史上各个时期隶属过的如成都县、蜀县（华阳）、广都县（双流）、华阳县、简阳县等下辖的部分区域。三是评选的名人为从古代至当代的已故人员，在历史上乃至今天在本地或全国有一定的名气。并明确了四条评选原则：一是上下贯通，整体把握。应从龙泉驿整个历史纵深考虑，既含古代名人，也包括近现代和当代历史名人。二是名气优先，统筹兼顾。评选历史名人首先要看其在当地乃至全国的名气，在历史上的贡献，要综合衡量，不能因某些不足或历史局限性而全盘否定。三是代表各方，兼顾平衡。评选出的十大历史名人在突出重点的情况下，要兼顾平衡，应涵盖各行各业、党内党外等各方面的名人。四是古代优先，本籍优先。在历史贡献和名气差别不大的情况下，当出现古代名人与近现代名人需要权衡时，以时代更古的优先入选；当出现本土籍名人与外籍名人需要权衡时，以本土籍名人优先入选。

依据评选条件和原则，由区委党研室和主创人员初步列出候选人名单并征求部分文史专家的意见后，确定了 20 名龙泉驿历史名人候选人，他们是：红军将领董朗、国学大师王叔岷、川西坝子水蜜桃鼻祖晋希天、三朝宰相段文昌、著名隐士朱桃椎、川军名将田颂尧、客家创业先锋巫作江、一品将军颜朝斌、天文学家刘子华、教育家冯元勋、打响辛亥革命四川第一枪夏之时、著名文人李流谦、成都首任市长黄隐、川军抗日名将张雅韵、禅宗巨匠楚山绍琦、抗美援朝战斗英雄薛志高、教育杰出人士吴雪琴、龙泉驿最早地下党活动领导人张元昌、绝世古碑建造者强独乐、龙泉驿解放时的共产党领导人罗天友。

评选历史名人是一件大事，为慎重起见，区委党研室和主创人员组织本区文史专家和部分离退休老领导反复研究讨论，其中，文史专家马晓东、傅全章、康尽能、张隆平、魏平、姚云书、胡开全、李云、曾明伟、贾在明等参加了两轮座谈讨论和投票，从 20 名候选人中选出 10 人，按得票数多少，从高到低排序，决出龙泉驿十大历史名人，他们是：董朗、王叔岷、晋希天、段文昌、朱桃椎、田颂尧、巫作江、颜朝斌、刘子华、冯元勋。并将评选情况于 2020 年 3 月 26 日在《龙泉开发》报上进行了公示，广泛征求了社会各界的意见建议。

在确定了十大历史名人并公示后，区委党研室组织对龙泉驿历史人物研究比较深的精干作家组成编写小组，采用历史纪实散文的笔法，为十大名人立传。

以前这些历史名人或多或少被人们关注过、写过，但写的都是一个侧面或某个局部，资料散见于各类报刊、各种文献资料和互联网上，显得简略不全。

要把这十大名人的生平事迹、生命历程、人生故事及对后世的影响挖掘出来，整理撰写成文，的确是一个很艰难的过程。

我们在编撰《龙泉驿十大历史名人》一书的过程中，查阅了大量的文献和资料，走访了名人的后代和大量民间人士，收集了海量素材，花费大量时间和心血，经过主创人员区委宣传部区文联李云、作家小乙的艰苦创作；区档案馆胡开全提供了部分资料；并得到姚云书、傅全章、贾在明的大力支持和帮助；李云进行了统稿。经过区委党研室反复修改打磨和校对核实，书稿总算编撰完成。

著名作家凸凹为《龙泉驿十大历史名人》作了序，书法家郭政权题写了书名。

　　《龙泉驿十大历史名人》一书，依据史料，引经据典，人物脉络清晰，事迹翔实，表述严谨中不乏轻灵，点面结合，具有一定的文学性和可读性。

　　此书是将我区从隋末唐初的朱桃椎到民国的董朗1000多年来的历史名人，首次进行系统挖掘梳理的成果；为读者多角度了解龙泉驿十大历史名人提供了一个相对完整的版本；是一部反映龙泉驿历史文化的乡土教材。希望对读者了解龙泉驿区的历史文化名人有所帮助，能发挥宣传龙泉驿历史文化、激励后人奋进的作用。

　　《龙泉驿十大历史名人》一书自始至终得到了龙泉驿区部分文史专家、作家的大力支持，并提出了很中肯的指导意见和修改意见，在此，对各位领导和专家的大力支持和帮助表示衷心的感谢！

　　历时大半年，几易其稿，终于成书了。

　　但由于史料和笔者能力水平的局限，书中还有很多不尽如人意的地方，敬请读者批评指正，不胜感激！

《龙泉驿十大历史名人》编辑部

2020 年 6 月 18 日